T0129624

essentials

essentials liefern aktuelles Wissen in konzentrierter Form. Die Essenz dessen, worauf es als „State-of-the-Art" in der gegenwärtigen Fachdiskussion oder in der Praxis ankommt. *essentials* informieren schnell, unkompliziert und verständlich

- als Einführung in ein aktuelles Thema aus Ihrem Fachgebiet
- als Einstieg in ein für Sie noch unbekanntes Themenfeld
- als Einblick, um zum Thema mitreden zu können

Die Bücher in elektronischer und gedruckter Form bringen das Fachwissen von Springerautor*innen kompakt zur Darstellung. Sie sind besonders für die Nutzung als eBook auf Tablet-PCs, eBook-Readern und Smartphones geeignet. *essentials* sind Wissensbausteine aus den Wirtschafts-, Sozial- und Geisteswissenschaften, aus Technik und Naturwissenschaften sowie aus Medizin, Psychologie und Gesundheitsberufen. Von renommierten Autor*innen aller Springer-Verlagsmarken.

Markus H. Dahm · Carolin Werth

Mit Partizipation und Digitalisierung zur Smart City

Digitale Transformation von Städten: Lebensräume der Zukunft gestalten

Springer Gabler

Markus H. Dahm
FOM Hochschule für Oekonomie &
Management
Hamburg, Deutschland

Carolin Werth
Ganderkesee, Niedersachsen
Deutschland

ISSN 2197-6708   ISSN 2197-6716 (electronic)
essentials
ISBN 978-3-658-42550-0   ISBN 978-3-658-42551-7 (eBook)
https://doi.org/10.1007/978-3-658-42551-7

Die Deutsche Nationalbibliothek verzeichnet diese Publikation in der Deutschen Nationalbibliografie; detaillierte bibliografische Daten sind im Internet über http://dnb.d-nb.de abrufbar.

Planung/Lektorat: Angela Meffert
Springer Gabler ist ein Imprint der eingetragenen Gesellschaft Springer Fachmedien Wiesbaden GmbH und ist ein Teil von Springer Nature.
Die Anschrift der Gesellschaft ist: Abraham-Lincoln-Str. 46, 65189 Wiesbaden, Germany

Das Papier dieses Produkts ist recyclebar.

Was Sie in diesem *essential* finden können

- Einführung in das Themenfeld Smart City
- Strukturierter Überblick über die Partizipation auf dem Weg zur Smart City in deutschen und internationalen Städten
- Charakterisierung von Zielgruppen durch die Anwendung von Milieuforschung
- Erörterung der Herausforderungen und Potenziale bei der Partizipation von Bewohnenden während der digitalen Transformation von Städten
- Vorstellung spezifischer Maßnahmen für die Gestaltung des zukünftigen Zusammenlebens in Smart Cities

Vorwort

Liebe Leserinnen und Leser!

Wir freuen uns sehr, Ihnen unser Buch „Mit Partizipation und Digitalisierung zur Smart City" präsentieren zu können!

Wir leben in einer Zeit, in der die Digitalisierung unaufhaltsam voranschreitet und unsere Städte und Regionen zunehmend beeinflusst. Die Vision einer „Smart City", die für die Bürgerinnen und Bürger entwickelt wird und technologisch fortschrittlicher, effizienter und vernetzter ist, rückt immer näher. Doch wie kann dieser Prozess erfolgreich gestaltet werden? Wie können die Bewohnenden in den Prozess der smarten, digitalen Stadtentwicklung aktiv eingebunden werden?

Das Springer *essential,* das Sie nun in den Händen halten, beschäftigt sich mit der zentralen Frage der Partizipation von Bewohnenden an der digitalen Transformation von Städten hin zu Smart Cities. Wir liefern Ihnen eine umfassende Analyse der Potenziale und Herausforderungen, die mit der Beteiligung von Bürgerinnen und Bürger an der Digitalisierung von Städten verbunden sind. Dabei werden nicht nur theoretische Konzepte und Modelle erläutert, sondern auch konkrete Beispiele und Best Practices vorgestellt.

Ein zentraler Fokus liegt auf der nachhaltigen Gestaltung von Smart Cities, die nicht nur ökologischen Anforderungen gerecht werden, sondern auch soziale Aspekte berücksichtigen. Die Bedürfnisse und Perspektiven von gesellschaftlichen Randgruppen, wie Menschen mit körperlichen, geistigen oder anderen Einschränkungen oder wohnungslose Menschen, müssen in den Prozess der Digitalisierung einbezogen werden, um eine inklusive Smart City zu schaffen.

Auch die Rolle von Wohnungsunternehmen, Politik, Wirtschaft und anderen Stakeholdern wird beleuchtet. Handlungsempfehlungen für eine bürgerorientierte Smart City sowie Aspekte des Change-Managements und der Transformationsprozesse runden das Buch ab.

Wir hoffen, dass dieses Buch dazu beitragen kann, den Weg zur Smart City zu ebnen, indem es einen ganzheitlichen Blick auf die Partizipation von Bewohnenden in der digitalen Transformation von Städten bietet.

Wir möchten uns bei allen bedanken, die uns bei der Erstellung dieses Buches unterstützt haben. Wir haben wertvolle Erkenntnisse durch Gespräche mit Expertinnen und Experten aus den Bereichen Wirtschaft, Wissenschaft und Forschung, Politik und Verwaltung sowie der Zivilgesellschaft sammeln können. Unser Dank gilt an dieser Stelle insbesondere Dr. Carsten Sieling, Christine Gartner, Martin Koplin, Dr. Thomas Kuder, Martin Günthner, Dr. Alanus von Radecki, Jan Strehmann, Christer Lorenz, Dr. Benjamin Seibel, Joanna Schmölz und Nicole Da Costa Pinto.

Wir hoffen, dass es Ihnen genauso viel Freude bereitet, das Buch zu lesen, wie es uns bereitet hat, es zu schreiben.

Markus H. Dahm
Carolin Werth

Inhaltsverzeichnis

Über die Autoren

Prof. Dr. Markus H. Dahm (MBA) ist Organisationsentwicklungsexperte und Berater für Strategie, Digital Change & Transformation. Ferner lehrt und forscht er als Honorarprofessor an der FOM Hochschule für Oekonomie & Management in den Themenfeldern Digital Transformation, Künstliche Intelligenz und agile Organisationsgestaltung. Er publiziert regelmäßig zu aktuellen Management- und Leadership-Fragestellungen in wissenschaftlichen Fachmagazinen, Blogs und Online-Magazinen sowie der Wirtschaftspresse. Er ist Autor und Herausgeber zahlreicher Bücher.

Carolin Werth (M.Sc.) ist als Senior Consultant bei dem weltweit agierenden IT-Beratungsunternehmen adesso SE tätig. Zuvor arbeitete die ausgebildete Immobilienkauffrau 15 Jahre für das Bremer Wohnungsunternehmen GEWOBA. Im Bereich Stadt- und Quartiersentwicklung verantwortete sie das Produktmanagement eines Geoinformationssystems, führte als Administratorin raumbezogene Analysen durch und war im Projektmanagement tätig. Carolin Werth hat erfolgreich den berufsbegleitenden Masterstudiengang Business Consulting & Digital Management an der FOM Hochschule für Oekonomie & Management in Hamburg abgeschlossen und in ihrer Abschlussarbeit im Themenfeld „Partizipation in Smart Cities" geforscht.

Smart City – Buzzword oder die Chance auf eine gemeinsame Gestaltung des zukünftigen Zusammenlebens?

Durch den Einzug der Digitalisierung und die damit einhergehenden technologischen Innovationen in die Arbeits- und Lebensrealitäten der Menschen kommt es auch zu einem Wandel in den Städten. Die Lebensräume der Bewohnenden erfahren zunehmend eine digitale Transformation. Durch unterschiedliche Maßnahmen und Prozesse entwickeln sie sich zu Smart Cities. Diese Städte verfolgen das Ziel, effizienter, nachhaltiger, technologisch fortschrittlicher und sozial inklusiver zu sein. Dabei setzen sie neben analogen auch digitale Ressourcen ein, um innovative Prozesse für eine nachhaltige Stadtentwicklung zu realisieren. Doch welche Notwendigkeit besteht, dass Städte auf der ganzen Welt sich zu Smart Cities entwickeln? Die Gründe liegen in den gegenwärtigen und zukünftigen Herausforderungen für Städte in sozioökonomischer, städtebaulicher und funktionaler Hinsicht. So wurde im Jahr 2023 erstmals die Marke von rund acht Milliarden Menschen auf der Welt erreicht (Statista, UN DESA, 2022a). Im Jahre 2050 werden es laut Prognose der Vereinten Nationen 9,71 Mrd. Menschen sein. (Statista, UN DESA, 2022b).

Hinzu kommt, dass die Menschen immer älter werden. Die bereits vorhandene Ressourcenknappheit erfährt durch das Bevölkerungswachstum und den demographischen Wandel ein ungeahntes Ausmaß. Eine weitere sozioökonomische Herausforderung für die Gesellschaft sind die Folgen des Klimawandels. Die globale Erderwärmung, die sich reduzierende Biodiversität sowie zunehmende klimabedingte Katastrophen sind Probleme, die es zu lösen gilt. Des Weiteren leben immer mehr Menschen in Städten als auf dem Land (Forschung & Lehre. Alles was die Wissenschaft bewegt, 2018). Das hat eine Verdichtung und Urbanisierung in den Städten zur Folge. Die Bewohnenden erhoffen sich eine höhere Lebensqualität durch bessere Jobs, eine bessere Infrastruktur sowie

© Der/die Autor(en), exklusiv lizenziert an Springer Fachmedien Wiesbaden GmbH, ein Teil von Springer Nature 2023
M. H. Dahm und C. Werth, *Mit Partizipation und Digitalisierung zur Smart City*, essentials, https://doi.org/10.1007/978-3-658-42551-7_1

mehr Bildungs- und Freizeitmöglichkeiten. Doch dieser Trend stellt die Gesellschaft und die Städte vor große Herausforderungen. Um diese zu bewältigen und weiterhin attraktiv für die Bürgerinnen und Bürger zu sein, müssen Städte eine notwendige Versorgung sicherstellen. Das betrifft ein breites Angebot an zusätzlichem Wohnraum sowie unterschiedliche Mobilitätsangebote, um auch die zunehmenden Verkehrsaufkommen und Luftverschmutzungen zu reduzieren. Für die Gestaltung eines nachhaltigen, effizienten Wandels zur digitalen Stadt sollte dabei bestmöglich eine digitale Vernetzung mit smarten Prozessen in den Bereichen Wirtschaft, Verwaltung, Energie, Bildung, Gesundheit und Verkehr erfolgen (Kaczorowski et al., 2017, S. 5 f.).

Wenn sich Städte den globalen und lokalen Herausforderungen stellen und sukzessive in innovative und digitale Entwicklungsprozesse investieren, können sie ein nachhaltiges ökonomisches Wachstum, einen vernünftigen Umgang mit Ressourcen und eine hohe Lebensqualität für die Menschen erzielen. Es wird damit deutlich, welche Relevanz es hat, dass sich Städte zu Smart Cities entwickeln. Diejenigen, die maßgeblich für diese Entwicklung verantwortlich sind, sind Akteurinnen und Akteure aus den Bereichen Wirtschaft, Wissenschaft und Forschung, Politik und Verwaltung sowie der Zivilgesellschaft. Die Bürgerinnen und Bürger einer Stadt, die hier als Zivilgesellschaft in einer Smart City genannt werden, nehmen dabei eine besondere Rolle ein. Grund dafür ist, dass der Smart-City-Prozess auf die Erarbeitung einer Vision einer zukünftigen Stadt abzielt. In diesem Prozess soll der Lebensraum der Bewohnenden erhalten beziehungsweise verbessert werden. Um das zu realisieren, müssen die Bürgerinnen und Bürger über Planungs- und Entscheidungsprozesse auf dem Weg zur Smart City fortlaufend informiert und in sie eingebunden werden.

1.1   Wie kann das zukünftige Zusammenleben umweltfreundlich, sozial gerecht und effizient gestaltet werden?

Doch wie sieht Partizipation – also die Mitbestimmung, Beteiligung und Teilhabe der Bevölkerung – im digitalen Zeitalter aus? Und welche Herausforderungen gibt es dabei auf dem Weg zur Smart City? Eine Stadt ist ein hochkomplexes Gebilde und besteht aus unterschiedlichen Strukturen und Menschen, die verschiedene Zielgruppen und Milieus abbilden. Sie stehen miteinander in Verbindung und bestimmen die zukünftige Entwicklung einer Stadt. Aufgrund der Diversität der Bürgerinnen und Bürger muss gewährleistet sein, dass allen Bewohnenden einer Stadt die Möglichkeit gegeben wird, am Smart-City-Prozess zu partizipieren. So können durch analoge und digitale Formate und die Mitwirkung der Bevölkerung demokratische Entscheidungen getroffen werden und damit kann gemeinsam eine smarte, nachhaltige Stadtentwicklung umgesetzt werden.

Werden dabei die aktuellen Entwicklungen in Deutschland betrachtet, gilt es zu klären, inwieweit die Menschen befähigt sind, an der digitalen Transformation teilzuhaben. Laut einer Gesellschaftsstudie der Initiative D21 e. V. zum Digital-Index (D21-Studie) aus dem Jahr 2022 zur Bestimmung des Digitalisierungsgrades der deutschen Gesellschaft nutzen inzwischen 90 % der Bürgerinnen und Bürger das Internet (Initiative D21 e. V., 2023, S. 14). Das zeigt, dass die Gesellschaft zunehmend digitaler wird. Allerdings zeigt die Studie auch auf, dass es eine erkennbare Entwicklung einer größer werdenden Spaltung zwischen den Teilen der Gesellschaft gibt, die an der Digitalisierung teilhaben, und denjenigen, die zunehmend davon entfernt sind. Das betrifft häufig Menschen mit geringer Bildung, Nicht-Berufstätige und ältere Menschen. Wenn jedoch Teile der Gesellschaft keinen Zugang zur digitalen Infrastruktur und Medien haben, wie kann dann die gesamte Bevölkerung die Möglichkeit erhalten, sich einzubringen?

Die Einbindung aller Bewohnenden bei der Gestaltung der zukunftsfähigen Stadt bleibt wohl ein nicht zu realisierender Idealzustand. Jedoch müssen die Möglichkeiten der Partizipation allen Bürgerinnen und Bürger gegeben sein, sodass es zu keinem Ausschluss von Einzelnen oder ganzen Zielgruppen bei der Entwicklung der zukünftigen Lebensräume der Menschen kommt. Dies gilt insbesondere für die Bürgerinnen und Bürger, die sprachlich, demographisch, körperlich, geistig und/oder edukativ benachteiligt sind. Für eine ausgewogene Meinungsbildung auf dem Weg zur Smart City ist daher ein integrativer und inklusiver Beteiligungsansatz wichtig. Denn fehlende Verständigung über gesellschaftliche Werte sowie Differenzen im gesellschaftlichen Zusammenleben sind allgegenwärtig und müssen abgebaut werden. Hier gilt es, die gesellschaftliche Teilhabe der Bewohnenden jedes Alters, jeder Herkunft und jeglicher gesellschaftlicher Werte an der digitalen Transformation zu ermöglichen, um die Herausforderungen gemeinsam zu lösen und die Potenziale der Gesamtbevölkerung zu nutzen.

1.2 Was Sie als Leserin und Leser erfahren werden

Das Buch untersucht die Herausforderungen und Potenziale von Städten bei der Partizipation von Bewohnenden auf dem Weg zur Smart City. Am Ende werden praxisorientierte Handlungsempfehlungen für die Politik, Verwaltung, Wirtschaft, Wohnungsunternehmen, Bürgerinnen und Bürger, Wissenschaft sowie alle beteiligten Stakeholdergruppen aufgeführt und erläutert. Das Buch betont die Bedeutung der Partizipation bei der Gestaltung der digitalen Transformation von Städten und Regionen und zeigt auf, wie Technologie dabei helfen kann, eine nachhaltige und erfolgreiche digitale Stadt zu schaffen, die den Bedürfnissen und Anliegen der Einwohnerinnen und Einwohner gerecht wird.

Der Ableitung von Handlungsempfehlungen für die unterschiedlichen Stakeholdergruppen gehen sechs Grundsatzfragen voraus, die in diesem Buch behandelt werden. Diese Fragen lauten:

- Wie werden die Bürgerinnen und Bürger in bestehende Smart-City-Konzepte eingebunden?
- Welche Vorstellungen und Erwartungen werden mit einer bürgerorientierten Smart City assoziiert?
- Welche aktuellen Herausforderungen bestehen bei der Partizipation?
- Welche Relevanz hat die Diversität der Bevölkerung bei der Partizipation auf dem Weg zur Smart City?
- Gibt es Best-Practice-Beispiele bei der Partizipation in Smart Cities?
- Welche Maßnahmen müssen die Stakeholder einer Stadt umsetzen, damit allen Bewohnenden die Teilhabe an der digitalen Transformation ermöglicht wird?

Werden diese sechs Grundsatzfragen beantwortet, lässt sich damit ein Überblick über die Potenziale und Herausforderungen von Städten bei der Partizipation von Bewohnenden während der digitalen Transformation ableiten und darstellen. Im Vorwege lässt sich sagen, dass es nicht den einen Weg gibt, die Menschen in einer Stadt auf dem Weg zur Smart City zu erreichen und einzubinden. Doch eine Vielzahl an Maßnahmen und Herangehensweisen kann dazu führen, dass unterschiedliche Bedürfnisse, Wünsche und Ängste der verschiedensten Ziel- und Interessengruppen einer Stadt erfasst werden, sodass ein breites Gesamtbild über die Vision einer zukünftigen smarten Stadt hergestellt werden kann. Welche Maßnahmen und Herangehensweisen das sind, erläutern wir Ihnen in diesem Buch.

Wer verstehen will, welche Möglichkeiten es für die Bewohnerinnen und Bewohner gibt, aktiv am Smart-City-Prozess mitzuwirken, sollte die unterschiedlichen Formate und Intensitätsstufen der Partizipation kennen.

Partizipation bedeutet, dass Bürgerinnen und Bürger bei öffentlichen Vorhaben mitbestimmen, sich am Entscheidungsprozess beteiligen oder durch aktive Einbindung teilhaben. Die Partizipation von Bewohnenden am Smart-City-Prozess ist ein wesentliches Element einer funktionierenden Demokratie auf dem Weg zur digitalen Stadt. Ein Bestandteil der Partizipation ist dabei die Bürgerbeteiligung. Es wird zwischen formeller und informeller Bürgerbeteiligung unterschieden. Die formelle Bürgerbeteiligung unterliegt gesetzlichen Vorgaben. Werden beispielsweise Bebauungspläne oder Flächennutzungspläne für städtebauliche Veränderungsmaßnahmen aufgestellt, müssen sie nach Vorschrift des Baugesetzbuches der Öffentlichkeit zugänglich gemacht werden. Das beinhaltet die Beteiligung der betroffenen Bürgerinnen und Bürger des Wirkungskreises in einem gesetzlichen Verfahren. Im Gegensatz dazu unterliegen informelle Beteiligungsverfahren keiner gesetzlichen Grundlage. Diese dialogorientierten Verfahren zielen auf die freiwillige Beteiligung der Bevölkerung ab (Beteiligungsportal Baden-Württemberg, o. J.). Die informelle Bürgerbeteiligung kann auf unterschiedliche Art und Weise erfolgen. Zum Beispiel können Bewohnerinnen und Bewohner in Bürgerhaushalten mitbestimmen, für welche Projekte und Maßnahmen die Stadt öffentliche Gelder ausgeben soll. Auch können sie beispielsweise zu Workshops, die die Stadt ausrichtet, eingeladen werden und sich etwa über ein neues Mobilitätskonzept im Wohnquartier informieren und darüber diskutieren.

© Der/die Autor(en), exklusiv lizenziert an Springer Fachmedien Wiesbaden GmbH, ein Teil von Springer Nature 2023
M. H. Dahm und C. Werth, *Mit Partizipation und Digitalisierung zur Smart City*, essentials, https://doi.org/10.1007/978-3-658-42551-7_2

Wann formelle oder informelle Beteiligungsverfahren eingesetzt werden, ist somit vorgegeben. Bei der Art der Durchführung der informellen Bürgerbeteiligung obliegt den Städten und Kommunen allerdings ein gewisser Spielraum. Weit verbreitet sind dabei analoge Beteiligungsformate wie Bürgerdialoge, Zukunftswerkstätten und alle weiteren Veranstaltungen, die durch ein physisches Zusammentreffen von städtischen Akteurinnen und Akteuren an einem Ort zustandekommen. Zunehmend werden auch webbasierte Beteiligungsformen eingesetzt. Sie ersetzen oder ergänzen die analogen Formate. Das sind häufig Onlineplattformen oder Apps für das mobile Endgerät, auf denen sich Bürgerinnen und Bürger zu Vorhaben informieren, abstimmen oder teilweise auch einbringen können. Neben der formellen und informellen Bürgerbeteiligung unter Einsatz von analogen und digitalen Formaten ist die Intensität der Beteiligung von Bedeutung. In der Literatur finden sich dazu drei Intensitätsstufen der Beteiligung, die sich in Information, Konsultation und Kooperation unterscheiden (siehe Abb. 2.1).

Eine erweiterte Form der Kooperation ist die Kollaboration. Sie entwickelt sich zunehmend zu einer neuen Beteiligungskultur in Stadtentwicklungsprozessen (Herrmann et al., 2017, S. 2). Im Smart-City-Prozess werden in diesem Zusammenhang Co-Creation-Modelle eingesetzt. Dabei werden Bürgerinnen und Bürger ermutigt und ermächtigt, sich aktiv einzubringen. Zusammen mit anderen lokalen Akteurinnen und Akteuren aus den Bereichen Politik und Verwaltung, Wissenschaft und Forschung sowie der Wirtschaft versucht die Zivilgesellschaft dabei gesamtgesellschaftliche Herausforderungen zu lösen und stadtentwicklungsrelevante Entscheidungen zu treffen (IPG Institut für partizipatives Gestalten, Jascha Rohr, 2016). Alle Teilnehmenden begegnen sich dabei auf Augenhöhe und versuchen, gemeinsam einen kollektiven Konsens zu finden.

2.1   Partizipation in deutschen und internationalen Städten – Überblick über den State of the Art

Seit einigen Jahren entwickeln sich weltweit Städte zu Smart Cities. Im internationalen Vergleich hat dieser Trend in Deutschland relativ spät begonnen (Bitkom e. V., 2019, S. 9). Seitdem wurde jedoch eine Vielzahl an unterschiedlichen Projekten für die Entwicklung zu vernetzten und nachhaltigen Städten initiiert. Die Projekte unterliegen digitalen Leitlinien, Digitalstrategien oder digitalen Agenden, die die Städte sich auferlegt haben. Neben technischen Innovationen in der Stadt ist das Konzept der Smart City auch ein aktueller Trend in der Stadtentwicklung (PlanRadar, 2022). Die Motivation von vielen Städten bei der Entwicklung

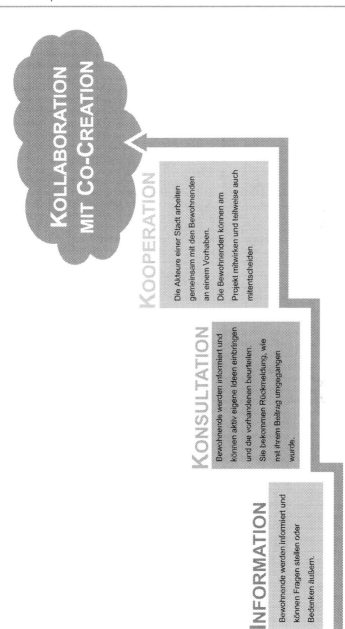

Abb. 2.1 Die Intensitätsstufen der Beteiligung. (Quelle: Eigene Darstellung in Anlehnung an Bertelsmann Stiftung, 2017, S. 9)

zur digitalen Stadt liegt häufig in der Einleitung der Energie- und Verkehrswende für eine nachhaltige, lebenswerte Stadt (Germies, 2020).

Der Großteil der deutschen Städte, die sich zu Smart Cities entwickeln, stufen ihre Bewohnenden als relevante Akteurinnen und Akteure in der digitalen Transformation der Städte ein (Bitkom e. V., 2019, S. 178). Sie werden zusammen mit Vertreterinnen und Vertretern aus der Wirtschaft, Politik und Verwaltung sowie der Wissenschaft und Forschung im Smart-City-Prozess eingebunden. Die Möglichkeiten der Partizipation im digitalen Zeitalter erstrecken sich in vielfältige Beteiligungsformen. Einige Städte bevorzugen klassische Formate wie Informationsveranstaltungen, Workshops und Diskussionsforen. Andere wiederum setzen vermehrt auf digitale Lösungen wie Apps, die als Kommunikationsmittel dienen. So werden Apps beispielsweise als Medium zur Abstimmung im Bürgerdialog genutzt. Auch setzen Städte vermehrt Online-Plattformen für die Bewohnenden ein. Sie dienen der Möglichkeit zur Informationsgewinnung, Abstimmung und Beteiligung an einzelnen städtischen Vorhaben im Smart-City-Prozess. Teilweise dienen sie jedoch auch dazu, Feedback zu den jeweiligen Projekten geben zu können. In der Regel kommen analoge und digitale Beteiligungsformen in den Städten zum Einsatz. Es zeichnet sich jedoch der Trend ab, dass digitale Partizipationsmöglichkeiten ausgebaut werden (Bitkom e. V., 2019, S. 179). Dabei ist der Einsatz von Innovationslaboren (Testräume für Innovationen und zukunftsfähige Lösungen, die Wissenschaft und Gesellschaft gemeinsam entwickeln und erproben), Hackathons (Events, in denen mehrere Personen in eine gemeinsame Programmier-/Entwicklungsarbeit gehen) und Digital-Tagen (dabei handelt es sich um Veranstaltungen zu Themen der Digitalisierung mit Vorträgen, Diskussionsrunden und Möglichkeiten digitale Werkzeuge auszuprobieren) geplant.

Der Digitalverband Bitkom e. V. präsentiert jährlich den Smart-City-Index und damit ein Ranking der smartesten Städte Deutschlands. Dabei werden rund 11.000 Datenpunkte von insgesamt 81 Städten erfasst, analysiert und in den Themenbereichen Energie und Umwelt, IT und Kommunikation, Mobilität, Verwaltung, sowie Gesellschaft bewertet (Bitkom e. V., 2022, S. 4).

Die Hansestadt Hamburg hat zum wiederholten Male den ersten Platz im Smart-City-Index belegt (Senatskanzlei Hamburg, 2022). Neben einer smarten Verkehrssteuerung und dem Ausbau der digitalen Infrastruktur besticht Hamburg insbesondere mit der gezielten Entwicklung der Verwaltung im Bereich der Digitalisierung. Dabei hat die Einbindung der Bürgerinnen und Bürger und deren Nutzen bei den technischen Innovationen oberste Priorität. Das zeigt sich auch in der Punktevergabe. So belegt die Hansestadt mit 98,1 von 100 möglichen Punkten die Spitzenposition in der Kategorie Gesellschaft (Hamburg News, 2022).

Sämtliche Informationen zum Engagement der Stadt im Bereich Smart City und Digitalisierung finden sich in der dafür vorgesehenen Digitalstrategie „Strategie Digitale Stadt" des Senats aus dem Jahr 2020 wieder. Der Umgang mit urbanen und offenen Daten, die Einrichtung von Innovationslaboren und die Neugründung des Amts für IT und Digitalisierung sind nur einige der vielen Erfolgsfaktoren Hamburgs während der digitalen Transformation. Eine smarte Stadt zu sein, bedeutet für Hamburg, digital, vernetzt und nachhaltig zu sein. So hat die Hansestadt diverse Projekte initiiert, wie beispielsweise die Ausstattung der Schulen mit moderner digitaler Infrastruktur. Ebenso können Hamburgerinnen und Hamburger papierlose, digitale Bauanträge stellen, was den digitalen Fortschritt in der Hamburger Verwaltung an nur einem Beispiel zeigt. Für alle zukünftigen Innovationen setzt die Stadt auf eine umfangreiche Förderung von Start-ups.

Im Smart-City-Index 2022 folgen Städte wie München, Dresden oder Darmstadt auf Hamburg. Doch auch sogenannte Hidden Champions, wie die niedersächsische Stadt Oldenburg, holen in den letzten Jahren durch vereinzelte Maßnahmen und viel Engagement bei der digitalen Transformation auf.

Die Stadt München versteht sich als eine Smart City, die alle Akteurinnen und Akteure des Transformationsprozesses zusammenbringen und dem Megatrend aktiv und verantwortungsbewusst entgegentreten will. Ziel ist es, eine digitale Daseinsvorsorge zu ermöglichen, einen transparenten und vertrauenswürdigen Umgang mit Daten anzustreben, das Themenfeld Digitalisierung nachhaltig zu entwickeln, Experimentierfelder für digitale Technologien und innovative Ideen zu schaffen und die Verwaltung und das gesellschaftliche Miteinander auf das digitale Zeitalter vorzubereiten und sie bestmöglich zu beteiligen. Ein verantwortungsvoller Informations- und Kommunikationsprozess steht dabei für München besonders im Fokus. Die einzelnen Maßnahmen liegen während der digitalen Transformation in den Handlungsfeldern Mobilität, Infrastruktur und Energie. Insbesondere im Themenfeld Mobilität hat München durch Maßnahmen für den Fortschritt des automatisierten und vernetzten Fahrens in der bayerischen Landeshauptstadt den zweiten Platz in der Bitkom-Studie belegt. Neben smarter Technologie und intelligent genutzten Daten sollen die Fragen der zukünftigen Stadtentwicklung zusammen mit der Gesellschaft beantwortet werden. Der gesamte Smart-City-Prozess läuft in München unter dem Slogan „smart together" und soll die Entwicklung zu einer vernetzten, energieeffizienten Stadt mit einer steigenden Lebensqualität für die Bewohnenden verdeutlichen (Stadtportal München, 2021).

Auch die Stadt Dresden zielt auf die Einbindung aller relevanten Akteurinnen und Akteure der Bevölkerung im Smart-City-Prozess ab. Bei der Planung und Umsetzung von Smart-City-Maßnahmen wählt Dresden co-kreative Ansätze.

Durch die Analyse von Trends in der Stadtentwicklung, die Mitwirkung in unterschiedlichen nationalen und internationalen Netzwerken, den interaktiven und engen Austausch mit den Bürgerinnen und Bürgern und die Teilhabe von wissenschaftlicher Begleitforschung im Smart-City-Prozess ist Dresden beim digitalen Wandel der Stadt erfolgreich. Damit das so bleibt, hat die Stadt ihre Ziele in einer eigens dafür verfassten Smart-City-Strategie festgeschrieben. Dresden strebt eine digitale und inklusiv-beteiligte Stadtentwicklung an, um den aktuellen Herausforderungen von Städten und Regionen zu begegnen und dabei insbesondere nachhaltig und effizient mit Ressourcen umzugehen. Aufgrund dessen und aufgrund von vielerlei erfolgreich umgesetzten Maßnahmen während der digitalen Transformation belegt Dresden in der aktuellen Bitkom-Studie den dritten Platz. Die Maßnahmen haben die Schwerpunkte Klima, digital vernetzte Verwaltung sowie smarte Energie und Mobilität. Regelmäßig werden dabei sowohl unterschiedliche Technologien als auch Sensor- und Echtzeitdaten eingebunden. So sollen beispielsweise mit dem Forschungsvorhaben zur Temperatur-Sensorik (KLIPS) die Temperaturschwankungen in der Stadt erfasst und mittels Künstlicher Intelligenz Hitzeinseln in Echtzeit lokalisiert werden. Ziel ist es, Wetter-, Klima-, Satelliten- und Katasterdaten zusammenzuführen und Maßnahmen für den Umgang mit Temperaturschwankungen abzuleiten und neue Werkzeuge für die Stadtentwicklung zu schaffen (Landeshauptstadt Dresden, 2022). Bei den Werkzeugen handelt es sich um physische und digitale Schnittstellen auf Apps oder Plattformen, die um Daten und Erkenntnisse durch wissenschaftliche Aktivitäten oder von Partnern, wie beispielsweise Energieversorgern, Gesundheits- und Mobilitätsdienstleistende, Behörden, Krankenhäusern oder Bildungsträgern, ergänzt werden (Bundesministerium für Wohnen, Stadtentwicklung und Bauwesen, o. J.).

Wenngleich Darmstadt in der aktuellen Bitkom-Studie von Hamburg, München und Dresden überholt wurde und im Smart-City-Index mittlerweile den zehnten Platz belegt, gilt die Digitalstadt seit Jahren als Vorzeigestadt der deutschen Smart Cities. Die Stadt setzt Maßstäbe in der digitalen und vor allem partizipativen Entwicklung während der digitalen Transformation. Neben der Einbindung aller Stakeholder im Smart-City-Prozess ordnet Darmstadt die Bürgerinnen und Bürger als die bedeutendste Zielgruppe ein. In einem Mix aus analogen und digitalen Beteiligungsformaten, bestehend aus Diskussionsforen, Onlinebeteiligungen und Innovationslaboren, stehen die Meinungen, Bedürfnisse und Ideen der Bevölkerung im Vordergrund des Smart-City-Prozesses. Auch versucht Darmstadt, stets früh auf die dynamischen Entwicklungen aufgrund neuer Technologien und Trends in der Stadtentwicklung zu reagieren (Bitkom e. V., 2019, S. 54). Der Einsatz einer Datenplattform – die beispielsweise Sensordaten zur Verkehrsbelastung, zur Luftqualität oder für ein smartes Abfallmanagement bereitstellt und so unterschiedliche Echtzeitdaten miteinander vernetzt – ist dabei ein entscheidendes Medium und dient der Unterstützung und Beschleunigung von Entscheidungs- und Planungsprozessen. Außerdem soll mit der Datenplattform der Austausch zwischen allen Akteurinnen und Akteuren gefördert werden.

Den sichtbar größten Entwicklungsschritt zur Smart City hat laut Branchenverband Bitkom die niedersächsische Stadt Oldenburg gemacht. Sie ist die Aufsteigerin im Smart-City-Index 2022. Im Bereich der intelligenten Verkehrsführung, dem Ausbau des Mobilitätsangebotes und der LoRaWAN-Technologie (ein Long Range Wide Area Network ist eine Funktechnologie, die ein energieeffizientes Versenden von Daten über weite Entfernungen ermöglicht und beispielsweise für eine smarte Regulierung des Straßenverkehrs in Städten eingesetzt wird), jedoch vor allem im Bereich der Digitalisierung der Verwaltung, hat Oldenburg große Fortschritte zu verzeichnen (Bundesministerium für Wirtschaft und Klimaschutz, o. J.). Die Stadt verfolgt das Ziel, die Prozesse in der Verwaltung für die Bewohnenden effizienter und einfacher zu gestalten. Oldenburg punktet insbesondere damit, dass die Dienstleistungen der Verwaltung zeit- und ortsunabhängig angeboten werden können. Damit kommt die Stadtverwaltung nicht nur den Anforderungen des deutschlandweit geltenden Onlinezugangsgesetzes (OZG) nach, sondern auch ihrer Serviceorientierung gegenüber den Bürgerinnen und Bürgern. Die Digitalstrategie der Stadt Oldenburg befasst sich im Wesentlichen mit den Schwerpunkten Mobilität, Gesundheit, Energie und Umwelt sowie Verwaltung und Infrastruktur. Bei den einzelnen Maßnahmen steht für die Stadt Oldenburg der Mensch im Zentrum der digitalen Transformation (Stadt Oldenburg, 2023).

Als Vorbilder auf dem Weg zur Smart City werden im internationalen Vergleich häufig Städte wie Amsterdam, Barcelona oder Boston genannt.

Amsterdam setzt den Fokus auf dem Weg zur digitalen Stadt auf das Handlungsfeld Mobilität unter Einbindung aller städtischen Akteurinnen und Akteure. Durch die Einführung eines selbstregulierten Verkehrssystems (ein autonomes Fahr- und Parkleitsystem) will die niederländische Hauptstadt die Lebensqualität ihrer Bewohnenden erhöhen. Dabei werden die Smart-City-Konzepte in einem Bottom-up-Prinzip zusammen mit den Bürgerinnen und Bürgern entwickelt. Dadurch sollen die Bewohnenden ermutigt und ermächtigt werden, eigene Ideen auf einer Plattform zusammen mit Wissenschaftlerinnen und Wissenschaftlern sowie Designerinnen und Designern zu entwickeln (Tuinzing, o. J.). Hier kommen alle Stakeholder einer Stadt zusammen, die motiviert sind und Ideen haben, Amsterdam zu einer smarten, intelligenten Stadt zu entwickeln. Die Ideen müssen einer der vorgegebenen Smart-City-Kategorien, wie beispielsweise Infrastruktur und Technologie oder Bürger und Leben, zugeordnet werden können. Neben der Ideenentwicklung kommen so auch die entsprechenden Ansprechpartnerinnen und Ansprechpartner zusammen, sodass zum Beispiel Bewohnende mit ihren Ideen auf die Personen treffen, die das Projekt möglicherweise finanzieren werden (Zeeb, 2018).

In Barcelona ist die Beteiligung der Bevölkerung im Smart-City-Prozess besonders stark ausgeprägt. Seit der Teilnahme am EU-Förderprogramm Horizon 2020 und der Entwicklung der Smart-City-Strategie im Jahre 2011 wird die Stadtentwicklung im digitalen Zeitalter auf die Bedürfnisse der Bürgerinnen und Bürger ausgerichtet (Humann & Jank, 2018, S. 25). Denn der Weg zur Smart City unter Einsatz von technischen Innovationen war nicht immer erfolgreich. Städtische Probleme wie die Spaltung der Gesellschaft aufgrund von Gentrifizierung nahmen zu. Digitale Lösungen kamen nicht zwangsläufig denen zugute, die es dringend benötigten. Die katalanische Stadt reagierte, indem sie den Smart-City-Ansatz änderte. Fortan wurde in einem Stadtentwicklungsprogramm der Fokus auf die Mitbestimmung der Bewohnenden und die soziale Gleichheit bei Investitionen in neue technische Infrastrukturen gelegt. Zusätzlich wurde mit der Souveränität über die städtischen Daten ein Hoheitsanspruch und die damit verbundene Unabhängigkeit der Stadt gegenüber Technologieunternehmen formuliert. Die digitale Transformation der Stadt richtet sich seitdem auf die Datenerhebung, Datenverarbeitung und Datennutzung auf einer für alle Bewohnenden zugänglichen Datenplattform (Bernardi, 2020). Die Stadt bedient sich externer Daten wie denen von Mobilfunkanbietern und stellt den aktuellen Stand der Projekte dar, in die sich Bürgerinnen und Bürger auch aktiv einbringen können. Diese digitale Beteiligungsplattform ergänzt den analogen Beteiligungsprozess. Neben den technischen Innovationen ist es der Stadt gelungen, dass bei dem digitalen Wandel nahezu die gesamte Bevölkerung mitgenommen wird. Die älteren Bewohnenden sollen mit gezielten Maßnahmen im Smart-City-Prozess nicht vernachlässigt werden und die jungen Bewohnenden haben die Möglichkeit, an Ausbildungs- und Lernprogrammen teilzunehmen, die die Stadt finanziert. Sie sollen damit ihre Chancen auf dem Arbeitsmarkt verbessern. Barcelona investiert aktuell beim digitalen Wandel in den Ausbau der fachlichen und technischen Kompetenzen der Menschen, um diese für die zukünftige Entwicklung der Stadt einzusetzen. Gleichzeitig will die Stadt als Wirtschaftsstandort attraktiv sein und so eine Vielzahl an Start-ups und Unternehmen binden.

Technologische Trends wie der Einsatz von Sensorik und Big Data haben auch in der US-amerikanischen Stadt Boston Einzug erhalten. Für die Einbindung der Bürgerinnen und Bürger im Smart-City-Prozess wurde als eine der

ersten Maßnahmen eine App als Mängelmelder für den Zustand von Bürgerstei-
gen entwickelt. Die Daten wurden gesammelt, ausgewertet und nach Dringlichkeit
sortiert. Bei der Analyse der Daten fiel den Vertreterinnen und Vertretern der
Stadt auf, dass die Meldungen vermehrt aus wohlhabenden Gegenden kamen.
So wurde deutlich, dass die Meldungen nicht zwingend den tatsächlichen Bedarf
der gesamten Stadt widerspiegelten. Seit dieser Erkenntnis macht Boston es sich
zur Aufgabe, die Technologien so einzusetzen, dass alle Bewohnenden der Stadt
davon profitieren und nicht nur diejenigen, die bereits gesellschaftlich bevor-
teilt sind (Fonds & Friends Verlagsgesellschaft mbH, 2020). Außerdem stellt
Boston die Bedürfnisse der Bewohnenden über die der ansässigen Unternehmen.
Bei der Bürgerbeteiligung setzt Boston auf digitale und analoge Beteiligungsformate. Bei den analogen Formaten handelt es sich um Bürgerdialoge, die die
Stadt organisiert. Hier können die Bewohnenden ihre Themen, Herausforderungen und Ideen für die digitale Transformation der Stadt einbringen. Bei den
digitalen Formaten hat sich der Einsatz von Apps für die Teilhabe der Bürgerinnen und Bürger als erfolgreich herausgestellt. Zukünftig setzt Boston auf ein
evidenzbasiertes Vorgehen bei der Partizipation auf dem Weg zur digitalen Stadt.
So wurden beispielsweise Sitzbänke mit solarbetriebenen Lademöglichkeiten und
WLAN an verschiedenen Orten wie Parks, Spielplätzen und Sportplätzen aufgestellt. Diese Orte werden von unterschiedlichen Zielgruppen besucht und genutzt
(Fonds & Friends Verlagsgesellschaft mbH, 2020). Damit konnte der unterschied-
liche Bedarf beobachtet und ermittelt werden. Mit diesem und anderen Projekten
hat die Stadt für sich die Erkenntnis gewonnen, dass jede Maßnahme und jedes
Projekt im Smart-City-Prozess immer wieder neu bewertet werden muss, um
Chancen zu erkennen, die das Leben der Bewohnenden optimieren.
    Der aktuelle Stand verdeutlicht, dass deutsche und internationale Städte ihre
Bewohnenden als relevante Stakeholder auf dem Weg zur Smart City verstehen.
Für einige Städte sind sie während der digitalen Transformation die bedeutendsten
Akteurinnen und Akteure.

2.2   Wer sind die Bewohnenden von Smart Cities? – Einführung in die Milieuforschung

Die Milieuforschung beschreibt gesellschaftliche Gruppen, die sich hinsichtlich
ihrer Werte, Lebensziele und Lebensstile sowie ihres sozialen Hintergrunds und
Lebensalters gleichen. Die Unterteilung der Gesellschaft in Sozialgruppen zielt
darauf ab, ein nahezu realistisches Bild über die Diversität in der Gesellschaft aufzuzeigen und damit die unterschiedlichen Bedürfnisse der Menschen zu verstehen

(Flaig & Barth, 2014, S. 105). So können eine zielgruppenorientierte Ansprache und die Platzierung von Themen und Trends erfolgen. Übertragen auf die digitale Transformation von Städten kann der Smart-City-Prozess durch gelungene Kommunikation erfolgreich gestaltet werden.

In der Forschung finden sich verschiedene Milieumodelle. Ein bekanntes Modell ist das der Sinus-Milieus® des SINUS-Instituts. Es handelt sich um ein etabliertes dynamisches Zielgruppenmodell, welches die gesamte Bevölkerung ab 14 Jahren in aktuell zehn Milieus unterteilt. Dabei wurden konstruierte Lebenswelten der Menschen zusammengefasst, um so Informationen für zum Beispiel Unternehmen und deren Produktentwicklung abzuleiten. Das Modell zeigt zwei Achsen auf, in denen vertikal die Gruppen in ihrer sozialen Lage abgebildet werden (je höher sie in der Grafik angesiedelt sind, desto gehobener ist ihre gesellschaftliche Stellung), horizontal werden die Grundhaltungen der Gruppen eingestuft (siehe Abb. 2.2). Je weiter links sie sich in der Grafik befinden, desto traditioneller sind sie eingestellt. Je weiter rechts sie sich befinden, desto moderner ist ihre Haltung zu aktuellen Themen und Trends. Dabei ist anzumerken, dass es sich bei den Milieus um konstruierte Typisierungen von Menschenbildern handelt, die sich in der Realität nicht spiegelbildlich übertragen lassen. Zum einen kann es bei einzelnen Menschen zu Überlappungen von sozialen Lagen und Grundhaltungen zwischen den einzelnen Milieus kommen. Zum anderen verändern sich Menschen im Laufe ihres Lebens, sodass ihre Grundorientierung und Bedürfnisse in jungen Jahren andere sein können als im Alter (vhw Bundesverband für Wohnen und Stadtentwicklung e. V., 2021, S. 7).

Betrachtet man das aktuelle Modell des SINUS-Instituts, zeigt sich, dass die vermeintlichen Zukunftsmilieus – die Expeditiven und Adaptiv-Pragmatischen – in den letzten Jahren an Zuwachs gewonnen haben (SINUS Markt- und Sozialforschung GmbH, 2023a). Sie sind im Vergleich zu den anderen Milieus zukünftigen Trends gegenüber aufgeschlossener.

Die Kartoffelgrafik des Sinus-Milieus® wurde in jüngster Vergangenheit vom SINUS-Institut weiterentwickelt, indem die Zielgruppen als digitale Nutzende eingestuft wurden. Hierbei ergaben sich sechs dominante Grundhaltungen: die Ambivalenten, die Bemühten und die Explorativen sowie die Selektiven, die Versierten und die Spaßorientierten (siehe Abb. 2.3).

Aus dieser Unterteilung können wichtige Erkenntnisse für den digitalen Wandel abgeleitet werden. So ist der Umgang mit und der Zugang zu digitalen Medien für die Möglichkeit der Partizipation an der digitalen Transformation von Bedeutung. Jedoch zeigt Abb. 2.3, dass diese Möglichkeit vermehrt den Milieus der Explorativen und Versierten obliegt (SINUS Markt- und Sozialforschung GmbH, 2023b).

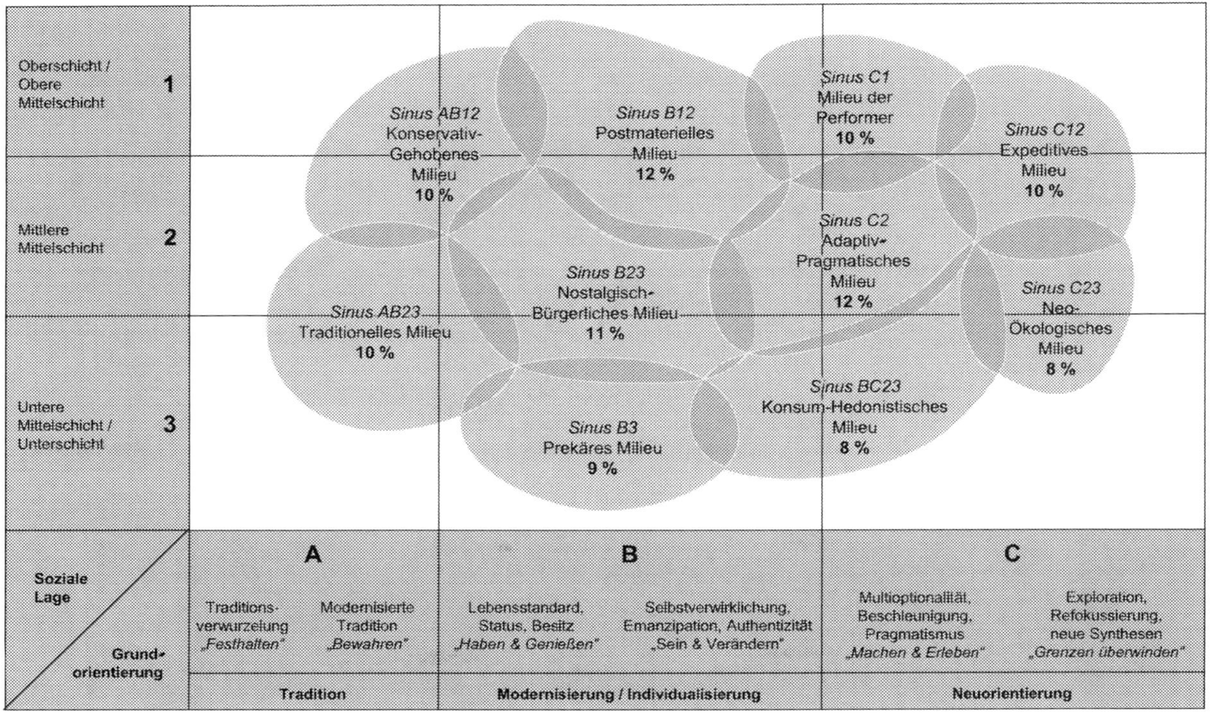

Abb. 2.2 Die Sinus-Milieus®. (Quelle: Eigene Darstellung in Anlehnung an SINUS Markt- und Sozialforschung GmbH. 2023a)

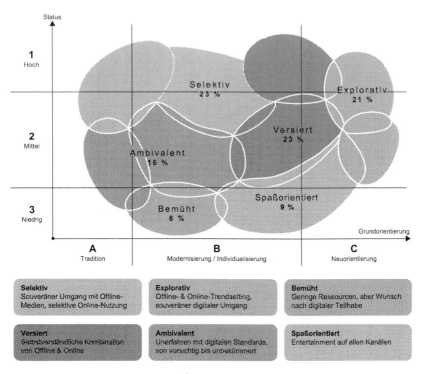

Abb. 2.3 Die digitalen Sinus-Milieus®. (Quelle: Eigene Darstellung in Anlehnung an SINUS Markt- und Sozialforschung GmbH, 2023b)

Die Zusammenführung der deutschen Bürgerinnen und Bürger in einander gleichende Lebensstile, Grundhaltungen und Wertvorstellungen ermöglicht eine Interpretation der aktuellen Positionierung der Bewohnenden gegenüber dem digitalen Wandel. Es entsteht eine Zweiteilung der Gesellschaft in der digitalen Transformation. So gibt es einen signifikanten Unterschied zwischen den älteren, sozial niedrig gestellten und den jüngeren, sozial höher gestellten Milieus. Das zeigt sich in der Verfügbarkeit und in der Motivation der Nutzung digitaler Medien. So nimmt der Digitalisierungsgrad in Deutschland zwar grundsätzlich sukzessive zu (Initiative D21 e. V., 2023, S. 21 f.). Jedoch verfügen die jüngeren Milieus (die Expeditiven, die Adaptiv-Pragmatischen und die Experimentalisten) über einen Zugang zu digitalen Medien und sind neuen Trends gegenüber aufgeschlossen. Sie sind technisch affin und nutzen Online-Medien überdurchschnittlich viel (vhw Bundesverband für Wohnen und Stadtentwicklung e. V., 2021, S. 34). Im Vergleich dazu bevorzugen die älteren Milieus vermehrt Offline-Medien, da sie entweder keinen Zugang zu digitalen Medien besitzen, überfordert im Umgang mit ihnen sind oder der Nutzung von digitalen Medien nicht offen gegenüberstehen. Insbesondere die Traditionellen fallen hier weit zurück (vhw Bundesverband für Wohnen und Stadtentwicklung e. V., 2021, S. 34). Sie besitzen in der Regel keinen Computer oder ähnliche Geräte. Im Umgang und in der Verfügbarkeit von digitalen Medien entzweit sich die Gesellschaft (vhw – Bundesverband für Wohnen und Stadtentwicklung e. V., 2021, S. 32). Deutlich wird dieser Umstand in der aktuellen Nutzung der Partizipationsmöglichkeiten in demokratischen Mitwirkungsprozessen. Während die jüngeren und sozial besser gestellten Milieus mit einer entsprechenden technischen Ausstattung einen Zugang zu Informationen haben, beteiligen sie sich auch vermehrt am politischen Geschehen und sind der digitalen Transformation gegenüber aufgeschlossen (vhw – Bundesverband für Wohnen und Stadtentwicklung e. V., 2021, S. 28 ff.). Im Vergleich dazu nutzen die älteren und sozial schlechter gestellten Milieus ihre Möglichkeit der Mitwirkungen nur begrenzt (vhw – Bundesverband für Wohnen und Stadtentwicklung e. V., 2021, S. 28 ff.).

2.3 Der State of the Art in a Nutshell

Der State of the Art verdeutlicht, dass deutsche und internationale Städte ihre Bewohnenden als relevante Stakeholder auf dem Weg zur Smart City verstehen. Für einige Städte sind sie während der digitalen Transformation die bedeutendsten Akteurinnen und Akteure.

Anhand von analogen und digitalen Bürgerbeteiligungsformaten können sich die Bürgerinnen und Bürger im Smart-City-Prozess einbringen. Sie können Informationen gewinnen, in Umfragen abstimmen und teilweise auch Ideen und Feedback einbringen. In einigen Städten wird die Zivilgesellschaft aktiv am Entscheidungsprozess beteiligt. Aktuell agieren sie dabei jedoch noch nicht vollständig auf Augenhöhe mit den Smart-City-Verantwortlichen. Es ist dennoch festzustellen, dass für den Großteil der deutschen Städte die Partizipation der Bevölkerung als Schlüssel zum Erfolg in der digitalen Transformation ausgemacht wird. Vermehrt dominieren jedoch derzeit noch Top-down-Ansätze auf dem Weg zur digitalen Stadt. Zukünftig wollen die Städte die Partizipation der Bewohnenden durch ein Bottom-up-Prinzip fördern.

Die Verantwortlichen der Stadt (in der Regel sind das Projektstellen in der Verwaltung) verfolgen mit der Einbindung der Zivilgesellschaft im Smart-City-Prozess das Ziel, eine positive Grundhaltung der Bewohnenden zum digitalen Wandel herbeizuführen. So sollen Bedürfnisse und Ängste der Bevölkerung identifiziert und Widerstände auf dem Weg zur digitalen Stadt reduziert werden. Bei den Ängsten der Menschen handelt es sich zunehmend um Themen der IT-Sicherheit und des Datenschutzes, bei denen es einen Bedarf an Aufklärung der Bevölkerung bei der Umsetzung von einzelnen Smart-City-Maßnahmen gibt. Gleichzeitig interpretiert der Großteil der deutschen und internationalen Stadtbevölkerungen eine Smart City als einen zukunftsfähigen, attraktiven Lebens- und Wirtschaftsstandort. Dieser soll durch effiziente Verwaltungsprozesse, ein umweltschonendes Mobilitätsangebot und eine Energie- und Verkehrswende für mehr Lebensqualität für die Bewohnenden entstehen.

Bei den deutschen Städten zeichnet sich ein Wandel zu intelligenten, nachhaltigen Städten ab. Dabei wollen die Städte die Lebensqualität der Menschen erhöhen und die Zivilgesellschaft an der digitalen Transformation teilhaben lassen. Aktuell liegt der Fokus dabei auf analogen Beteiligungsformaten. Zukünftig sollen digitale Möglichkeiten für die Partizipation der Bürgerinnen und Bürger ausgebaut werden. Dafür werden Datenplattformen und Apps eingesetzt und die IT-Infrastruktur wird ausgebaut. Städte setzen demnach unterschiedliche Maßnahmen im Smart-City-Prozess ein. Doch welche Zielgruppen sollen damit erreicht werden? Für die Beantwortung dieser Frage kann der Einsatz von Modellen der Milieuforschung hilfreich sein. So wird die Gesamtheit der deutschen Bevölkerung (ab 14 Jahren) seit nunmehr 40 Jahren in einem etablierten Modell des SINUS-Instituts im Sinne der sozialen Milieuforschung in Zielgruppen eingeteilt. Die Einteilung in Modelle zielt darauf ab, Gemeinsamkeiten und Unterschiede innerhalb der Bevölkerung und zwischen den Milieus darzustellen. Sie dient auch dazu, die Haltung der Bewohnenden gegenüber dem digitalen Wandel aufzuzeigen. Zu wissen, welche Ängste, Wünsche und Vorstellungen einzelne Milieus auf dem Weg zur smarten Stadt haben, kann helfen, eine zielgruppenorientierte Ansprache im Smart-City-Prozess zu ermöglichen und den Prozess erfolgreich umzusetzen.

So teilt sich die Gesellschaft bezüglich ihrer Grundhaltung gegenüber der digitalen Transformation in zwei Gruppen: auf der einen Seite die dem Wandel aufgeschlossenen Milieus, auf der anderen Seite die nicht-aufgeschlossenen Milieus. Deutlich wird dieser Umstand in der aktuellen Nutzung der Partizipationsmöglichkeiten in demokratischen Mitwirkungsprozessen. Während die jüngeren und sozial besser gestellten Milieus mit einer entsprechenden technischen Ausstattung einen Zugang zu Informationen haben, beteiligen sie sich auch vermehrt am politischen Geschehen und sind der digitalen Transformation gegenüber aufgeschlossen. Im Vergleich dazu nutzen die älteren und sozial schlechtergestellten Milieus ihre Möglichkeit der Mitwirkungen nur begrenzt. Das liegt zum einen daran, dass sie dem digitalen Wandel nur bedingt aufgeschlossen gegenüberstehen. Zum anderen fühlen sie sich den bessergestellten Sozialgruppen argumentativ unterlegen und ihre Anliegen werden von den städtischen Vertreterinnen und Vertretern nicht ausreichend ernst genommen.

Der State of the Art zeigt, dass es auf der einen Seite zu einer schnelllebigen technologischen Entwicklung in den Städten kommt. Auf der anderen Seite hat der digitale Wandel noch nicht alle Menschen erreicht. Es fehlt an einer stärkeren Beteiligung der Gesellschaft, was letztendlich auch die Entwicklung von Städten zu Smart Cities beeinflusst. Bei einem ungleichen Kenntnisstand und einer differenzierten Einstellung zum digitalen Wandel sowie einer ungleichen Nutzung von digitalen Medien droht eine soziale Verwerfung auf dem Weg zur digitalen Stadt.

Herausforderungen und Potenziale bei der Partizipation von Bewohnenden auf dem Weg zur Smart City

3

Auf dem Weg zur Smart City ergeben sich für Städte eine Vielzahl an Herausforderungen bei der Partizipation von Bewohnenden, die gelöst werden müssen. Um welche es sich handelt und wie diese gelöst werden können, erklären wir Ihnen im folgenden Abschnitt. Auch werden wir vertieft auf die Notwendigkeit der Charakterisierung der Bewohnenden in unterschiedlichen Zielgruppen eingehen und Ihnen erläutern, wie eine bürgerorientierte Smart City aussehen kann.

3.1 Aktuelle Herausforderungen und Potenziale

In den Städten bestehen verschiedene Interessenlagen, Bedarfe, Wünsche und Problemlagen seitens der Bewohnenden. Diese zu erkennen und Lösungen zu erarbeiten, sind Herausforderungen, die einer Stadt auf dem Weg zur Smart City begegnen. Der Smart-City-Prozess ist ein fortlaufender Prozess, der immer neue Bedarfe offenbart. Die Sichtweisen auf diese Bedarfe und Probleme variieren nicht nur unter den Bewohnenden, sondern auch in den anderen Stakeholdergruppen, bestehend aus Vertreterinnen und Vertretern der Wirtschaft, Wissenschaft und Forschung sowie der Politik und Verwaltung. Deshalb muss die Diversität der Meinungen herausgestellt und es müssen Lösungen entwickelt werden, die die breite Stadtbewohnerschaft ansprechen. Dafür darf seitens der Vertreterinnen und Vertreter aus Politik und Verwaltung bei der Umsetzung der Maßnahmen nicht vom eigenen Selbstbild ausgegangen werden, sondern sie müssen sich in die Perspektive der unterschiedlichen Menschen versetzen. Wird auf die Bedürfnisse und Ängste der Menschen eingegangen, dann kann die Akzeptanz bestimmter Vorhaben erreicht werden. Die Bewohnenden fühlen sich dann eher mitgenommen und

M. H. Dahm und C. Werth, *Mit Partizipation und Digitalisierung zur Smart City*, essentials, https://doi.org/10.1007/978-3-658-42551-7_3

aufgeklärt. Das ist ein Potenzial, das es zu nutzen gilt. Des Weiteren besteht in einer Stadt eine hohe Komplexität an unterschiedlichen Bedarfen und Informationsständen der Menschen zu bestimmten Themen in der Stadtentwicklung. Diese Themen können nur aufgebrochen werden, wenn neue Möglichkeiten der Informationsverarbeitung entwickelt werden. Und das geschieht nur, wenn sich alle Stakeholdergruppen miteinander verbinden und kontinuierlich austauschen. Wenn die verschiedenen Kulturen einer Stadt aufgegriffen werden, kann ein Miteinander zwischen den Akteurinnen und Akteuren der einzelnen Stakeholdergruppen entstehen.

Eine weitere Herausforderung ist, dass es Bewohnende in einer Stadt gibt, die von Maßnahmen betroffen sind, sich aber nicht beteiligen. Sie haben kein Interesse oder sind schwer zu erreichen. Die Herausforderung ist es, diese Menschen analog oder digital zu erreichen. Dazu ist zu klären, wer für was und wie beteiligt werden soll. Wie weit sollten einzelne Beteiligungsprozesse ausgedehnt und wo eingegrenzt werden? Das ist insbesondere für digitale Formate, die sich schneller skalieren lassen, zu klären. Wenn geklärt ist, welche Reichweite die Beteiligung haben soll, dann muss geklärt werden, wie die Menschen erreicht und abgeholt werden. Das fängt mit der Art der Ansprache an. Je nach Nutzergruppe muss die Ansprache angepasst und die analogen oder digitalen Kanäle müssen eruiert werden. Nach wie vor fühlen sich bestimmte Bevölkerungsgruppen nur durch analoge Bewerbung wie Plakate angesprochen. Auch ist eine gewisse Sättigung bei den Menschen eingetreten. Sie reagieren nicht oder nur kurzfristig auf virtuelle Einladungen. Wird die Bandbreite von Social Media genutzt, dann ist die Möglichkeit gegeben, bestimmte Zielgruppen anzusprechen. Gleichzeitig können dabei Fragestellungen des Datenschutzes entstehen, wenn über diese Plattformen offizielle Beteiligungsformate laufen. Hierbei müssen die Akteurinnen und Akteure gemeinsam klären, ob über diese Plattformen kommuniziert werden soll. Das muss neu analysiert und bewertet werden, wofür Co-Creation-Modelle erfolgreiche Formate sind. Neben der Ansprache ist auch die Sprache in den Smart-City-Prozessen ein Potenzial, das noch nicht ausreichend genutzt wird. So werden die Themen überwiegend in deutscher Sprache bearbeitet statt mehrsprachig.

Die wohl größte Herausforderung für Städte im Smart-City-Prozess wird es sein, die Veränderung der Lebensbereiche durch die Digitalisierung und technische Entwicklung in die Gesellschaft einzuordnen. Es geht darum, die Fragen des zukünftigen Zusammenlebens und der Infrastrukturen im Quartier und in der Stadt zu klären. Dabei gilt es auch zu klären, welche Funktion die Stadt in der Zukunft hat und welche gemeinsamen Ziele erreicht werden sollen. Denn der Raum in der Stadt ist begrenzt. Bei den einzelnen Fragestellungen müssen auch

Streitpunkte diskutiert werden. Aus diesem Grund müssen alle Stakeholdergruppen gemeinsam diese Fragen diskutieren und beantworten. Eine Einbindung der Zivilgesellschaft zu Beginn des Planungsvorhaben ist deshalb unabdingbar. Auch darf dabei niemand ausgeschlossen oder vernachlässigt werden.

So hat sich die Verfügbarkeit von digitalen Instrumenten mit Beginn der Corona-Pandemie positiv in der Gesellschaft entwickelt. Jedoch ist nach wie vor ein Fünftel der Bevölkerung ohne digitale Ausstattung. Es handelt sich dabei meist um Familien mit Migrationshintergrund, die sich eine entsprechende Ausstattung nicht leisten können. Dieses Problem zu beheben, wird noch eine Zeit dauern, solange der Zugang nicht allen überall und kostenfrei in der Stadt ermöglicht wird.

Es besteht eine Dynamik in der technischen Entwicklung von Produkten und Dienstleistungen durch privatwirtschaftlich organisierte Unternehmen. Bei dieser Entwicklung sind die politischen und demokratischen Prozesse verzögert. Mit der Corona-Pandemie wurde deutlich, welche Relevanz effiziente digitale Prozesse in der Stadt haben. Das war jahrelang nicht im Fokus der Verwaltung und wird nun deutlich. Auch wurde nicht ausreichend in wissenschaftliche Begleitforschung[1] investiert. Es besteht nun die Chance, Vieles nachzuholen. Das kann nur gelingen, wenn wissenschaftliche Begleitforschung kontinuierlich betrieben wird. Die Verfassungen in Deutschland und Europa geben dezentrale Strukturen in Politik und Verwaltung vor. Dennoch sind zwingend einheitliche Standards, Strukturen und Vorgehensweisen in den Landes- und Bundesbehörden für eine erfolgreiche digitale Transformation notwendig.

Eine weitere Herausforderung ist es für die Verwaltungen, dass sie die Aufgaben auf dem Weg zur digitalen Stadt zusätzlich zum Tagesgeschäft erledigen. In den Städten gibt es nur selten ein Smart-City-Team, das sich ausschließlich um den digitalen Wandel bemüht. Es mangelt an zeitlichen und personellen Kapazitäten oder externer Hilfestellung. Die politischen Verantwortlichen kommen auch deshalb bei der technischen Entwicklung und dem Wandel der Stadt kaum hinterher. Damit sie die Partizipation der Bewohnenden auf dem Weg zur digitalen Stadt ermöglichen können, müssen sie sich selbst mit den Themen der Digitalisierung und Partizipation auseinandersetzen. Dabei müssen die Anforderungen an das gesellschaftliche Miteinander, die Stärkung der Wirtschaft, aber auch die Herausforderungen in den Bereichen Bildung, Gesundheit und Klimaschutz in Einklang gebracht werden. Wenn durch die Entwicklung von Smart Cities die

---

[1] „Wissenschaftliche Arbeit mit dem Ziel, Daten und Informationen zu gewinnen, die es erlauben, die Wirksamkeit und den Nutzen wirtschaftlicher, technischer oder politischer Maßnahmen und Programme abzuschätzen, um diese ggf. zu ändern oder zu beenden." (Bundeszentrale für politische Bildung, o. J.).

Lebensqualität der Menschen erhöht werden soll, müssen sich die Städte der globalen Herausforderung des Klimawandels stellen. Nur wenn alle Anforderungen ganzheitlich im Gleichgewicht stehen, können Smart Cities nachhaltig erfolgreich funktionieren. Diese Themen können eine Smart City miteinander verbinden, wenngleich Digitalisierung nicht die einzige Lösung ist. Auch analoge Maßnahmen sind dabei zielführend. Neue Methoden und Technologien können jedoch unterstützen. Dabei steht fest, dass alle Entscheidungen Effekte auf das zukünftige Leben in den Städten haben.

In diesem Zusammenhang gilt es auch zu überlegen, wie eine Stadt auf exogene Schocks, wie die Corona-Pandemie oder Umweltkatastrophen, reagieren muss.

Eine weitere Herausforderung ist es, zu klären, wem die Daten gehören, die in einer Stadt produziert werden. Heutzutage stehen beispielsweise Bewegungsdaten der Bürgerinnen und Bürger im Interesse von technologischen Anbietern. Die Verwaltung hält die Daten vor, für den Prozess der Datenverwertung bezahlt sie jedoch Unternehmen. Die Potenziale der Daten werden noch nicht ausreichend von der Stadt genutzt. Damit einher gehen Fragen der Datensicherheit, Datensouveränität, Transparenz und Verfügbarkeit. Das gilt es mit allen Stakeholdergruppen zu klären. Aus diesem Grund kommen klassische Formate wie reine Informationsveranstaltungen an ihre Grenzen. Deshalb werden zunehmend neue Formate wie Co-Creation-Modelle bei der Entwicklung von Smart Cities eingesetzt. Bei dieser neuen Form der Partizipation entstehen Potenziale, die Themen und Maßnahmen gemeinsam zu bestimmen, zu priorisieren und zu entwickeln. Das bietet den Bewohnenden die Chance, nicht nur temporär, sondern langfristig an Themen mitzuwirken. Seit ein paar Jahren befasst sich auch die Forschung damit, welche vorhandenen Prozesse digital aufgegriffen werden müssen, um Formate neu aufzustellen. Ziel ist es, mit der notwendigen Technologie und neuen Methoden die bestehenden Herausforderungen zu lösen.

3.2   Bedeutung der Milieus

Die Bedeutung der Milieus nimmt auf dem Weg zur Smart City derzeit noch keine wesentliche Rolle ein. Allerdings sind die Charakterisierung der Bewohnenden in Milieus und eine daraus hervorgehende Diversität in einer Stadt relevante Faktoren bei der Entwicklung einer Stadt zur Smart City, in der die unterschiedlichen Meinungsbilder, Bedarfe und Wünsche der Menschen identifiziert und berücksichtigt werden sollten, wesentlich. Durch die Einordnung der Bürgerinnen und Bürger in die Milieuforschung können Werte, die die Menschen charakterisieren, erkannt werden. In einer Gesellschaft liegen unterschiedliche Altersgruppierungen, Bildungsstände und interkulturelle Diversitäten vor. So sind nicht nur die Gegebenheiten von Städten divers, auch die Bewohnenden sind es. Das wirkt sich auf die Entwicklung einer Stadt und deren Veränderungsgeschwindigkeit aus. Es ist die Aufgabe einer Stadt, eine gesamtgesellschaftliche Perspektive auf die Auswirkungen der Digitalisierung zu haben.

Es stellt sich heraus, dass einige Milieus sich an Stadtentwicklungsprozessen beteiligen, andere wiederum nicht. Das kann mit den Werten erklärt werden, die die einzelnen Milieus kennzeichnen. Milieus, die zum Beispiel in ihrer Grundorientierung traditionell oder konservativ geprägt sind, beteiligen sich weniger (siehe dazu Abschn. 2.3). Die Milieus, die sich beteiligen, können sich artikulieren, sind motiviert und verfügen über ein hohes kulturelles und ökonomisches Kapital. Vermehrt sind dies Menschen mit entsprechender Bildung. Es beteiligen sich auch diejenigen, die einen Internetzugang haben und eine Affinität zu den Themen der Digitalisierung oder eine Fachexpertise zur Stadtentwicklung besitzen. Die Beteiligung hängt auch vom Thema des jeweiligen Beteiligungsprozesses ab. In einigen Städten gibt es Interessengruppen, die sich bei bestimmten Themen einbringen und an die Stadtentwicklung angeschlossen sind. Das ist zum Beispiel die Fahrrad-Community zu Themen der Mobilität in der Stadt. Diese Gruppen sind organisiert, motiviert, informiert und vernetzt.

Es geht weniger darum, dass Menschen sich nicht beteiligen wollen, als vielmehr darum, dass sie nicht erreicht werden. Hierbei müssen die Stakeholdergruppen zukünftig den Prozess der Partizipation hinterfragen. Diejenigen, die aktiv sind, verfügen über bestimmte Zugänge sowie Ausstattungen und nutzen neue digitale Möglichkeiten der Bürgerbeteiligung. Alle anderen werden nicht erreicht und sind abgehängt. Das sind meist Senioren, Kinder, Jugendliche, Wohnungslose, Menschen mit Behinderungen, Fluchterfahrungen, sprachlichen Einschränkungen oder Migranten. Ebenfalls gibt es Menschen, die des Lesens und Schreibens nicht vollends mächtig sind. Auch sie haben Schwierigkeiten und Einschränkungen und sind deshalb häufig ausgeschlossen. Das sind Faktoren, die im Smart-City-Prozess berücksichtigt werden müssen und in der Verantwortung einer Stadt liegen. Diesen Menschen müssen andere Formate angeboten werden, um Partizipation zu ermöglichen. Sie müssen ermächtigt werden, sich in der digitalen Welt zurechtzufinden.

Darüber hinaus ist es von Relevanz, ob die Bürgerinnen und Bürger in der Vergangenheit gute oder schlechte Erfahrungen mit staatlichen Institutionen bei der Partizipation gesammelt haben. So sind zum Beispiel zugewanderte Bewohnende aus osteuropäischen Ländern aufgrund von schlechten Erfahrungen in ihren Heimatländern häufig misstrauisch. Generell gilt es, die Lebenssituationen der

Zielgruppen zu betrachten. Bei einigen Menschen bestimmen andere Themen den Alltag als die Gestaltung eines Smart-City-Prozesses. Es entscheiden Faktoren wie Erwerbslosigkeit oder sprachliche Defizite, ob sich Bewohnende an Prozessen beteiligen oder diesen fernbleiben. Damit die Bürgerinnen und Bürger an Stadtentwicklungsprozessen aktiv mitwirken, sind Kapazitäten wie Zeit und das entsprechende Interesse erforderlich. Wenn jedoch ein bulgarischer Einwanderer von morgens bis abends in einer Fabrik arbeitet, dann sind diese Kapazitäten nicht zwingend gegeben. Wenn ferner der Alltag von Verlusten, Ängsten und Fluchterfahrungen geprägt wird, dann müssen sich die Möglichkeiten der Partizipation an die Bedürfnisse und Lebensstile der Menschen anpassen. Das gilt auch für die Erreichbarkeit von Bewohnenden, die sich sorgen, dass die Familie den Krieg in der Heimat nicht überlebt, die Kinder den Anschluss in der Schule verlieren oder sie selbst den Sprachkurs nicht fortführen können. Das alles sind dann auch Aspekte der Partizipation.

Beteiligen sich nur bestimmte Milieus, dann verzerrt dies das Bild, weil es nicht objektiv ist. Es darf niemand ausgeschlossen werden aufgrund von Faktoren wie Alter, Bildung, Krankheit oder eingeschränkter Mobilität. Es ist die größte Herausforderung, allen Bewohnenden die Möglichkeit zu bieten, am Smart-City-Prozess zu partizipieren, sowie diejenigen abzuholen, die aktuell vernachlässigt werden, digital nicht affin oder nicht aktiv in ihrer Beteiligung sind.

3.3   Wie sieht eine bürgerorientierte Smart City aus?

Eine Smart City, die nicht bürgerorientiert ist, kann keine smarte Stadt sein. Denn die Smart City ist kein Selbstzweck. Die digitale Transformation von Städten benötigt den Blick von außen und die Einbeziehung der Bewohnenden. Eine bürgerorientierte Smart City bindet die Bewohnenden deshalb frühzeitig, aktiv und durchgehend in die Prozesse ein. Sie erhalten so die Möglichkeit, ihre Ideen und Wünsche einzubringen und am Wandel teilzuhaben. Ohne sie wird die digitale Transformation in Städten nicht nachhaltig erfolgreich sein können. Aus diesem Grund dürfen die Entwicklungen zu einer smarten Stadt nicht an den Bürgerinnen und Bürgern vorbei entwickelt werden. Es ist die Verantwortung der Stadt, bei allen Maßnahmen die Perspektive der Bewohnenden zu integrieren. Nur so kann eine bestimmte Lebensqualität in einer Stadt erzielt werden. Es geht weniger darum, im ersten Schritt Lösungen zu finden, als vielmehr darum, die Bedürfnisse zu erfragen und Verbindungen zu smarten Themen zu schaffen. Wenn die Vorstellungen der Bewohnenden mit denen der Stadt zusammengebracht werden, kann eine Smart City entstehen. Dafür muss eine Partizipation ermöglicht werden, in der Sprachbarrieren abgebaut werden und die Möglichkeit eines Zugangs zum Internet und digitalen Medien gegeben ist. Der Prozess muss dabei ausgewogen gestaltet werden, damit die Maßnahmen auf dem Weg zur digitalen Stadt von den Menschen angenommen werden. Es gilt darüber hinaus Interesse zu erzeugen, Anreize für die Beteiligung zu schaffen und die Menschen abzuholen. Das darf nicht nur temporär geschehen, sondern ihnen muss fortlaufend die Möglichkeit gegeben werden, an den Entwicklungen in ihrer Stadt teilzuhaben. Ein bürgerorientierter Smart-City-Prozess ist ein Prozess, in dem sich alle Akteurinnen und Akteure auf Augenhöhe begegnen. Es geht darum, gemeinsam Herausforderungen, Probleme und Schwierigkeiten zu beseitigen und Verbesserungen in Prozessen und Orten herbeizuführen. Dabei kann der Einsatz von Technologie unterstützen, ohne dass diese über den Menschen steht.

Die Themen der Digitalisierung und der Wandel von Städten bedürfen einer aktiven Auseinandersetzung innerhalb der gesamten Stadtbevölkerung. Das kann nur funktionieren, wenn alle Stakeholder solidarisch und kooperativ miteinander arbeiten. Gemeinsam müssen sie eine Vision einer Stadt erarbeiten, für die sie das zukünftige Zusammenleben gestalten wollen. Alle Vorhaben im Smart-City-Prozess müssen dann transparent auf die Vision ausgerichtet sein. Dafür müssen bestehende Strukturen durch den Smart-City-Prozess aufgebrochen werden. Das ist nicht immer einfach, aber nur so kann es funktionieren. Eine Smart City muss agil sein, um auf Veränderungen reagieren zu können. Außerdem muss eine smarte, bürgerorientierte Stadt vielfältig sein und darf nicht in Monokulturen leben. Dazu müssen die Akteurinnen und Akteure der Stadt sich zutrauen, den Wandel und die Veränderungen aktiv anzugehen.

Die Potenziale, die in der Stadt vorhanden sind, müssen genutzt werden. So besteht beispielsweise ein Potenzial an Daten – wie Daten über Bewegungsströme oder das Einkaufsverhalten der Bürgerinnen und Bürger –, das noch nicht umfangreich genutzt wird. Mit diesen Daten können zukünftige Bedarfe und damit Maßnahmen im Smart-City-Prozess abgeleitet werden. Zugleich muss mit der Erfassung, Verarbeitung und Verwendung von Daten, die die Bevölkerung erzeugt, sensibel und transparent umgegangen werden.

Die Kommunikation zwischen den Stakeholdergruppen nimmt eine wesentliche Rolle im Smart-City-Prozess ein. Zum einen geht es um die Platzierung von Begrifflichkeiten. So stellt das Wort „Bürgerbeteiligung" nicht auf Anhieb das demokratische Recht auf Partizipation dar. Ziel sollte es sein, den Bürgerinnen und Bürgern aufzuzeigen, dass dies die aktive Teilhabe an Stadtentwicklungsprozessen und damit das Mitwirken am digitalen Wandel der Stadt beinhaltet. In Bürgerhaushalten können die Bewohnenden beispielsweise über die Verteilung von öffentlichen Geldern mitentscheiden. So sollte es auch kommuniziert werden, um Anreize zu schaffen, sodass sich mehr Menschen einbringen und Antworten auf Fragen geben. Damit wird die wesentliche Rolle den Bürgerinnen und Bürger deutlich, denn die gesetzlich formale Beteiligung spricht nicht zwingend das Interesse einer breiten Bevölkerung an. Auch muss die Formulierung so gestaltet sein, dass sich die Menschen eingeladen fühlen. Häufig kommt es hier unbewusst zur Ausgrenzung. Die wichtigsten Informationen zu den jeweiligen Veranstaltungen im Smart-City-Prozess müssen einfach und schnell aufgenommen werden können, weniger textlastig sein und einen Mehrwert für die Bewohnenden stiften.

Zudem geht es um die kommunikative Verbreitung von konkreten Beispielen in den Lebensräumen der Menschen, die gemeinsam partizipativ entwickelt werden. Ausschließlich technologiebasierte Themen erzeugen häufig ein Desinteresse und teilweise auch Berührungsängste bei der Bevölkerung. Da ist es im Vergleich zu sozialen Themen oder konkreten Vorhaben im Quartier schon schwieriger, die Menschen für die Prozesse zu gewinnen. Deshalb müssen die Vorhaben im Smart-City-Prozess näher an den Menschen entwickelt werden, am besten dort, wo sich die Bürgerinnen und Bürger aufhalten. Das sind die Quartiere und Nachbarschaften, aber auch auf Social Media. In diesem Zusammenhang ist dann auch zu überlegen, wie sie angesprochen und erreicht werden. Die Beteiligungsformate sollten so ausgelegt sein, dass nach bestimmten Interessengruppen und deren Haltung und Expertise gefragt wird. Dafür ist im Vorfeld zu überlegen, welche Zielgruppen für den Prozess eingebunden werden müssen. Des Weiteren bedarf es einer Förderung der kollektiven Beteiligung für eine bürgerorientierte Smart City. Es geht darum, dass die Bewohnenden sich organisieren und engagieren können. Hierfür müssen Angebote geschaffen werden, bei denen sich Menschen zusammenschließen und miteinander in den Austausch kommen können. Das gilt sowohl für die Bewohnenden untereinander als auch für den Austausch mit allen anderen Stakeholdern während der digitalen Transformation.

Zu den gesellschaftlichen Gruppen gehören ebenso die etablierten Unternehmen und Start-ups. So tragen Unternehmen aus der Stadtwirtschaft wie Wohnungsunternehmen, Verkehrsbetriebe oder Stadtwerke einen erheblichen Beitrag durch Innovationen und Maßnahmen zur Smart City bei. Bei der Einbindung in bestehende Smart-City-Prozesse werden sie jedoch häufig außer Acht gelassen. Für die Unternehmen müssen die Märkte einer smarten Stadt anschlussfähig sein, um eine Plattform für einen attraktiven Wirtschaftsstandort zu bieten. Dafür bedarf es einer Infrastruktur und einer Entwicklungsperspektive, um wirtschaftlich nachhaltig sein zu können. Das hat auch unmittelbar mit dem Wohlbefinden der Menschen in einer Stadt zu tun, denn die Menschen, die in einer Stadt leben, sind häufig Arbeitnehmende in den ansässigen Unternehmen.

Die Entwicklung zur Smart City ist auch eine Aufgabe der öffentlichen Daseinsvorsorge, bei der die Stadt ein entsprechendes Infrastrukturangebot unterbreiten muss. Die gewählten politischen Vertreterinnen und Vertreter sind deshalb legitimiert, Prozesse der Stadtentwicklung eigenständig voranzubringen. Es muss deshalb nicht immer alles die Idee der Bürgerinnen und Bürger sein. Wichtig ist jedoch, dass die Akteurinnen und Akteure einer Stadt abgeholt werden und die Möglichkeit erhalten, im Stadtentwicklungsprozess Impulse zu geben.

3.4 Welche Maßnahmen müssen durch die Stakeholder umgesetzt werden?

Vorab gilt es zu unterscheiden, ob es sich um Maßnahmen der Stadtentwicklung oder um Leitbilder handelt, die in einem Prozess zu einzelnen Themenfeldern entwickelt werden sollen. Danach muss geklärt werden, welche Ziele die Vorhaben verfolgen. Ein gesamtstädtischer Prozess ist nämlich zu abstrakt, was dazu führt, dass sich nur bestimmte Gruppen einbringen. Dazu ist es immer gut, wenn die Bewohnenden durch ihren Einsatz nicht nur etwas beitragen, sondern auch einen Mehrwert erhalten. Diesen Nutzen erhalten sie, wenn den Bürgerinnen und Bürgern eine Rolle im Prozess zugesprochen wird. Einen Nutzen erhalten sie auch, wenn sie in Workshops Wissenswertes über bestimmte Digitalthemen wie beispielsweise Cyberangriffe lernen.

Eine weitere Maßnahme im Smart-City-Prozess ist es, die unterschiedlichen Zielgruppen zu betrachten. Danach gilt es zu definieren, zu welchem Thema oder Vorhaben welche Zielgruppen eingebunden und gewonnen werden müssen. Für die Durchführung von Workshops zu bestimmten Themen können repräsentative Gruppen zusammengestellt werden. Alle Bewohnenden abzuholen, wird wohl ein Idealzustand sein, der nicht zu realisieren ist. Jedoch kann darauf hingearbeitet werden. Die Prozesse der Bürgerbeteiligung müssen vielfältig gedacht werden, um unterschiedliche Zielgruppen durch verschiedene Formate und Zugänge anzusprechen und zu erreichen. Dabei ist es erforderlich, auf die Menschen zuzugehen und auch mit aufsuchender Beteiligung[2] zu arbeiten. Dieses Vorgehen kann besonders bei vernachlässigten Gruppen eine Lösung für die Möglichkeit der Partizipation sein. Es kann auch ein Amt für Gleichstellung eingerichtet werden, das sich als Anlaufstelle um Fragen der Gleichstellung kümmert. Auch kann

---

[2] Eine Form der direkten Ansprache der Menschen in ihrer alltäglichen Umgebung wie zum Beispiel beim Einkaufen, in der Fußgängerzone oder auch an Orten, wo sich wohnungslose Menschen niederlassen, die sonst meist schwer bis gar nicht erreicht werden können.

es hilfreich sein, die Bürgerbeteiligung aus dem Service-Design-Prozess – also die Gestaltung von Prozessen oder Dienstleistungen aus Sicht der Nutzerinnen und Nutzer – zu denken und die Zielgruppen durch Personas (das sind fiktive, aber realitätsnahe Personen, die zur Analyse von Zielgruppen in ihren Merkmalen, Zielen und Bedürfnissen charakterisiert werden) zu definieren. Dafür können sich Städte Milieuanalysen wie denen des SINUS-Instituts oder der Initiative D21 e. V. bedienen.

Es empfiehlt sich außerdem, sich regelmäßig mit den unterschiedlichen Stakeholdern, bestehend aus den Akteurinnen und Akteuren aus Politik und Verwaltung, Wirtschaft, Wissenschaft und Forschung und eben der Zivilgesellschaft, während des Smart-City-Prozesses auszutauschen. Wenn dann die Stakeholdergruppen an einem Vorhaben arbeiten, muss zunächst der Ist-Zustand eines Sachverhaltes aufgenommen werden. Daraufhin folgt die Sammlung neuer Ideen für einen möglichen Soll-Zustand. Bestenfalls werden dafür zu Beginn die jeweiligen Stakeholdergruppen einzeln eingebunden, um ihre Ideen und Anregungen aufzunehmen. Zu einem späteren Zeitpunkt werden dann alle Gruppen und Ideen zusammengeführt. Die Ideen werden anschließend durch die Stadtverwaltung zusammengetragen und von dieser auf Umsetzbarkeit geprüft. Am Ende wird ein Maßnahmenkatalog erstellt und einzelne Maßnahmen werden umgesetzt. Nach jeder Sitzung werden die Protokolle öffentlich zugänglich gemacht. Das sorgt für Verbundenheit und Transparenz bei den Akteurinnen und Akteuren.

Die Potenziale der Daten wie Bewegungsprofile, Verkehrsströme, urbane Daten oder auch Strukturdaten zur Gesamtbevölkerung in der Stadt, die in einer Vielzahl in einer Stadt vorliegen, müssen genutzt werden. Aus den Daten können Informationen zu den Vorstellungen, Erwartungen und Anforderungen, die die Bewohnenden an die Stadt haben, abgeleitet werden. Diese können bei der Umsetzung von Maßnahmen und Planungen für die Zukunft eingesetzt werden. Die Daten können dezentral aufbereitet, müssen aber zentral an geeigneter Stelle zusammengeführt werden. Durch diese Vernetzung entstehen Katalysatoren, die in einer Stadt gemeinsam genutzt werden können. Für den gemeinsamen Umgang empfiehlt es sich, die Daten in einer Open-Data-Plattform bereitzustellen. Für bestimmte Fragestellungen bieten sich spezielle Softwarelösungen an. So können beispielsweise raumbezogene Analysen in Geoinformationssystemen (GIS) dargestellt werden. Mithilfe eines GIS können Daten erfasst, bearbeitet, analysiert und präsentiert werden. Die Daten zur städtischen Infrastruktur wie Bäume, Straßennetze oder Haltestellen liegen der Verwaltung dafür bereits digital vor.

Des Weiteren müssen im Partizipationsprozess die Orte der Ansprache, unterschiedliche Sprachen und einfache, verständliche Sprache verwendet werden. Die

Kommunikation im Smart-City-Prozess wird als Schlüssel zum Erfolg identifiziert, denn die Ideen und Meinungen der Menschen müssen im direkten Gespräch eingeholt werden und sollten nicht durch Annahmen anderer Stakeholdergruppen gebildet werden. Für die Förderung der Kommunikation im Smart-City-Prozess müssen zum einen Orte der Begegnung geschaffen werden, an denen Menschen zusammenkommen können.

Im Rahmen der Kommunikation können neben analogen Mitteln der Partizipation auch digitale Tools eingesetzt werden. Es funktioniert aber nicht allein, wenn nur digitale Medien eingesetzt und Partizipation ausschließlich digital verstanden wird. Zu einigen Themen passen digitale Formate, zu anderen Themen eher weniger. So können zum Beispiel Online-Befragungen dazu dienen, ein erstes Meinungsbild zu einem Thema einzuholen oder Online-Veranstaltungen (durch beispielsweise Videokonferenzen) in Verbindung mit digitalen Whiteboards (eine digitale Tafel, die zum Anbringen von nicht dauerhaften Markierungen wie Klebezetteln und Beschriftungen dient) eine Vielzahl an Menschen für den Austausch und die Zusammenarbeit ortsunabhängig zusammenbringen. Im Vergleich dazu dienen Präsenzveranstaltungen dazu, an einem Ort physisch zusammenzukommen, zu diskutieren und beispielsweise vor Ort in Workshops zu arbeiten, Netzwerke zu pflegen und zu erweitern und in spontane Dialoge zu kommen. Auch sind Planungsverfahren, wie bei Bauvorhaben, in der Regel analoge Formate der Bürgerbeteiligung. Wenn die Bürgerinnen und Bürger Maßnahmen und Sachstände bewerten sollen, dann muss das niedrigschwellig und unkompliziert möglich sein. Auf ihr Feedback muss es eine schnelle Rückmeldung geben, sonst schwinden die Motivation und das Vertrauen. Es ist wichtig, dass bestehende Probleme öffentlich diskutiert werden.

Für die Möglichkeit der Partizipation der Bewohnenden ist es in einigen Stadtteilen und Quartieren von Bedeutung, wenn eine Vielfalt an Sprachen berücksichtigt wird, denn nicht alle Menschen sprechen die deutsche Sprache. Das gilt auch für Menschen aus dem Ausland, die in deutschen Unternehmen arbeiten. Sie prägen ebenso das Stadtbild wie die deutschsprachigen Akteurinnen und Akteure, werden jedoch meist nicht eingebunden und abgeholt, da die Formate in der Regel nur in deutscher Sprache ausgelegt sind. Dieser Aspekt wird bei sprachdominanten Formaten noch wichtiger. Deshalb müssen verschiedene Ausdrucksformen ermöglicht werden. Auch digitale Tools mit Übersetzungsfunktion können dabei unterstützen. Eine weitere Maßnahme ist, dass die Ergebnisse der Veranstaltungen zusammengefasst werden und in unterschiedlichen Sprachen auf der Website der Stadt veröffentlicht werden. Das bringt auch Vorteile für den Prozess, denn ein Angebot an Mehrsprachigkeit nimmt Hürden und Zeit. Darüber hinaus erzeugt es Vertrauen und Akzeptanz, wenn die Verwaltung eine

Mehrsprachigkeit anbietet. Das ist ebenfalls ein wichtiger Aspekt für Menschen mit akustischen, optischen oder anderen Einschränkungen. Es sollte eine selbstverständliche Vorgabe für die Stadt sein, dass alles, was für die Bewohnenden im Smart-City-Prozess relevant ist, in leichter Sprache, Fremdsprachen und mit einem Dienst für Gehörlose und Blinde erfolgt.

Die digitale Transformation von Städten ist ein Prozess, in dem die Stakeholdergruppen erst noch definieren müssen, welche Ziele sie erreichen wollen. Auf dem Weg zur Smart City müssen Möglichkeiten der Entwicklung, des Ausprobierens und des Lernens entstehen. Das führt dann zu guten Beispielen, die verbreitet und wiederholt werden können und an denen andere Städte sich orientieren können.

Der Partizipationsprozess muss aus analogen und digitalen Formaten bestehen. Und das bestenfalls in regelmäßigen Veranstaltungen mit Bewohnenden unter zusätzlicher Anwendung von digitalen Werkzeugen. Dabei müssen sich Städte vielfältig aufstellen, um möglichst viele unterschiedliche Zielgruppen zu erreichen. Dabei gilt es, die Bewohnenden nicht nur nach ihrer Meinung zu fragen, sondern die Vorhaben der Stadt von Beginn an offen darzulegen und transparent zu erläutern. Damit ist ein Angebot der Teilhabe vorhanden und es kann eine möglichst breite Ausdrucksform aufgenommen und im Prozess verarbeitet werden. Partizipation muss in den Lebensräumen der Menschen stattfinden. Die Teilhabe muss ebenso mit bestimmten Aspekten im Kiez, Quartier oder in der Nachbarschaft zweckgebunden sein.

Es gibt verschiedene Möglichkeiten, die Beteiligung zu erhöhen. Die höchste Form der Partizipation ist die Teilhabe der Bewohnenden durch Co-Creation-Prozesse. Der Smart-City-Prozess muss sich deshalb mehr zu einem Co-Creation-Prozess, bei dem alle Stakeholdergruppen von Beginn an eingebunden sind, entwickeln. Man sollte die Bürgerinnen und Bürger nicht vor vollendete Tatsachen stellen. Es geht um die tatsächliche Teilhabe und Mitwirkung, statt um eine temporäre Beteiligung. Auch geht es weniger um die Konsultation zu einem bestimmten smarten Thema als vielmehr um die Frage, ob es einer Veränderung oder des Einsatzes von smarter Technologie bedarf. Denn Technologie ist nicht per se die Lösung für alle Probleme. Bestenfalls unterstützt die Technologie bei der Ermächtigung der Menschen. Co-Creation-Modelle sind dabei eine sinnvolle Art der Partizipation für die Beantwortung dieser Fragestellungen.

Ebenfalls gilt es, Infrastrukturen für die Partizipation zu schaffen und auszubauen. Wenn über Erreichbarkeit gesprochen wird, muss es in Quartieren auch eine digitale Infrastruktur geben. Die Möglichkeit der Teilhabe definiert sich nämlich auch über die finanzielle und digitale Ausstattung der Bewohnenden.

Der Zugang zum Internet und die Nutzung von digitalen Medien müssen deshalb niedrigschwellig und kostengünstig sein. Der Zugang zum Internet ist aus diesem Grund eine Struktur, die zwingend in einer Stadt bestehen muss. Dafür müssen die Städte in Deutschland flächendeckendes WLAN ausbauen. Immer da, wo sich Menschen begegnen und wo die schulische Situation es erfordert, bedarf es einer digitalen Infrastruktur samt Einrichtung von WLAN und Hotspots. Es sollte sich zu einer Selbstverständlichkeit entwickeln, dass Kinder und Jugendliche bereits im Schulalter an Computer und digitale Medien herangeführt werden. Gleichzeitig müssen in einer Stadt Orte wie Innovationslabore oder Bibliotheken geschaffen und ausgestattet werden, die ebenfalls ein solches Angebot unterbreiten. Damit kann auch die digitale Teilhabe realisiert werden.

Auf dem Weg zur digitalen Stadt müssen darüber hinaus Orte der Begegnung geschaffen werden. Denn Menschen müssen nach wie vor zusammenkommen, um in den Diskurs zu gehen. Das geht besser an analogen Orten, weil das gesellschaftliche Miteinander und der damit verbundene Diskurs zu verschiedenen Themen nicht immer digital so abgebildet werden können wie bei physischen Treffen. Orte der Begegnung dienen auch als Anlaufstelle, um die digitalen Fähigkeiten und die digitale Nutzung zu fördern. So sind Innovationslabore im Smart-City-Prozess erfolgreiche Maßnahmen und zeigen den Bedarf in den Städten. Diese Innovationslabore können an vorhandene Strukturen wie Bibliotheken oder andere Orte der Wissensvermittlung „angehängt" werden – diese könnten genutzt werden, um in diesen Räumlichkeiten Innovationslabore aufzubauen/zu realisieren. Denn Bibliotheken können die Teilhabe fördern, da sie digital gut ausgestattet sind mit PC-Arbeitsplätzen, Internetzugang und Druckern und deshalb ein entsprechendes Angebot haben. Das ist insbesondere für die Gruppen relevant, die privat keinen oder kaum Zugang zur Digitalisierung haben. Sie haben über diese Orte die Möglichkeit der Teilhabe. Das sind Strukturen, die es zwingend für die Partizipation am gesellschaftlichen Wandel zu entwickeln gilt. Ebenso können Helpdesks an analogen Orten die Menschen in den Quartieren beim digitalen Wandel der Stadt unterstützen. Diese Beratungsstellen können sowohl digital als auch analog durch Mitarbeitende der Stadtbibliothek angeboten werden. Weitere Lösungen hierfür können Innovationslabore oder Kurse in Schulen oder Volkshochschulen sein, die als Orte der Wissensvermittlung dienen können. Auch können Jugendliche Kurse für ältere Menschen anbieten, in denen Fragen zu und im Umgang mit digitalen Medien beantwortet werden. Dadurch entstehen soziale Bindungen und ein gegenseitiges Verständnis füreinander. Wichtig ist, dass die Bevölkerung befähigt wird, am digitalen Wandel teilzuhaben.

Des Weiteren ist eine entscheidende Maßnahme im Smart-City-Prozess zu definieren, was für eine Stadt „smart" bedeutet. Bevor die jeweiligen Vorhaben umgesetzt werden, muss diese Frage geklärt werden. Ist eine Maßnahme zum Beispiel erst smart, wenn sie auch die Möglichkeit der Teilhabe für die Schwächsten in der Gesellschaft berücksichtigt? Mit der Beantwortung dieser Frage bekommt die Stadt auch neue Impulse. Ein Fehler ist, wenn die Antwort zu eng definiert wird. Es geht darum, zu klären, welcher Voraussetzungen es bedarf, mit Digitalisierung und Technologien gut umgehen zu können. Es gilt auch zu klären, welche Strukturen, Arbeitsprozesse, zukünftigen Dienstleistungen und Produkte in einer Stadt teilweise neu oder besser gedacht werden müssen. Ebenso muss die Gesellschaft diskutieren, was die jeweiligen Maßnahmen und deren Konsequenzen bedeuten. Es muss ein Diskurs entstehen, ob die jeweilige Maßnahme eine Verbesserung herbeiführt oder ein Trend der Stadtentwicklung ist. Die unterschiedlichen Interessenlagen müssen dabei aufgezeigt und diskutiert werden. Dieser Diskurs muss besonders bei Vorhaben stattfinden, bei denen Daten der Stadt und der Bewohnenden zum Einsatz kommen. Hierbei muss die Zivilgesellschaft eingebunden werden und mitentscheiden. Diese Diskussionen können beispielsweise unter Einbindung von sogenannten Bürgerbeiräten (eine organisierte Gruppierung von Bürgerinnen und Bürgern, die nicht zwingend Fachexpertise aufzeigen, sondern vielmehr die Themen aus ihrer Perspektive – aus Sicht der Bewohnenden – diskutieren und ihre Meinungen vertreten) erfolgen.

Eine weitere Maßnahme ist, dass die Stakeholder die Stadt als geographischen Raum verstehen, in dem sich Menschen bewegen. Geoinformationssysteme eignen sich dabei, die Stadt und ihre räumlichen Daten in einen digitalen geographischen Raum zu bringen, damit sie erfasst, bearbeitet, analysiert und präsentiert werden können. Hier besteht die Möglichkeit, einen Mehrwert durch Digitalisierung zu stiften. Ein GIS kann bei der Partizipation als Ergänzung zu den klassischen Instrumenten eingesetzt werden. Außerdem kann ein GIS helfen, die Bürgerinnen und Bürger von den geplanten Maßnahmen zu überzeugen, denn geographische Raum kann in 3D-Stadtmodellen dargestellt und die jeweiligen Projekte können darüber organisiert und diskutiert werden. Die technischen Möglichkeiten und die notwendigen Daten liegen den Städten vor und müssen nun eingesetzt werden. So können die einzelnen Vorhaben im Smart-City-Prozess visualisiert werden. Die Bewohnenden können ihre Bedarfe, Wünsche und Ängste einbringen und die Verwaltung kann diese abfragen und verarbeiten. Es entsteht ein wechselseitiges Verständnis und möglicherweise eine Offenheit gegenüber den Vorhaben seitens der Bewohnenden. Weitere digitale Möglichkeiten können durch Apps oder über Social Media erfolgen, um sich bei der Beteiligung auszudrücken. So kann ein Newsfeed wie bei Facebook speziell auf die Bewohnenden oder das Quartier ausgerichtete Meldungen zu bestimmten Themen im Smart-City-Prozess auf dem Smartphone erfolgen. Für die Verbreitung von Informationen können auch Dashboards (eine grafische Oberfläche, die zur Visualisierung von Daten dient) in den Städten installiert werden. Die Bürgerinnen und Bürger können dadurch für die Teilhabe aktiviert werden. Bei allen digitalen Beteiligungsformaten ist es wichtig, dass die Bürgerinnen und Bürger über deren Anwendung, Zweck und Inhalte aufgeklärt und befähigt werden sie anzuwenden.

Eine ebenso relevante Maßnahme ist, dass die Kapazitäten, die Kompetenzen und der Einsatz von Technologien in der Verwaltung ausgebaut werden. Des Weiteren sind Maßnahmen für die Vernetzung und Interaktion zwischen den Verwaltungsbehörden erforderlich. Das betrifft die einzelnen Ressortzuständigkeiten in einer Stadt sowie die Bundes-, Landes- und Kommunalverwaltungen. Eine Vernetzung kann dabei auch zu einem Mehrwert für die Bürgerinnen und Bürger führen, da die Verwaltungsdienstleistungen unkomplizierter, unbürokratischer und dynamischer sind. Es geht darum, wie Themen gemeinsam entwickelt werden und wie voneinander gelernt werden kann, um Herausforderungen zu bewältigen. Dafür muss die Verwaltung aus dem Ressortdenken herauskommen. Das bedeutet, dass nicht ein Ressort für eine Aufgabe zuständig ist, sondern alle ganzheitlich denken. Diese Denk- und Handlungsweise zielt dann auch auf das Verhalten und die Bedürfnisse der Bewohnenden ab.

Smart-City-Prozesse scheitern häufig an Hierarchien oder sind unnötig kompliziert aufgrund fehlender interner Kommunikation. Damit Arbeitsprozesse verwaltungsübergreifend absolviert werden können, bedarf es einer klaren Zielformulierung von hochrangigen Entscheidungsträgerinnen und Entscheidungsträgern in der Verwaltung. Es ist ebenfalls relevant, dass die Verwaltung in der Zusammenarbeit mit anderen Akteurinnen und Akteuren dem Smart-City-Prozess offen begegnet. Nur so können neue Impulse für zukünftige Maßnahmen gesammelt werden. Dafür sind auch ein neues Arbeitsverständnis innerhalb der Verwaltung und eine Fehlerkultur sowie der Mut, Maßnahmen aktiv umzusetzen, erforderlich. So können Themen durch kleine Verbesserungen sukzessive weiterentwickelt werden. Die Verwaltung ist nämlich das Bindeglied im Smart-City-Prozess, das alle Maßnahmen zusammenträgt und am Ende das letzte Wort bei der Entscheidung hat. Deshalb besteht oft ein zu hohes Selbstbild der Verwaltung, der mehr Bescheidenheit und Offenheit gegenüber den Bedürfnissen der Menschen, aber auch gegenüber neuen technischen Entwicklungen guttun würde. Dafür müssen Befindlichkeiten, die es in der Verwaltung gibt, abgelegt werden. Das umfasst, dass die Mitarbeitenden von der Metaebene herunterkommen und den Bewohnenden auf Augenhöhe begegnen. Dann kann die Expertise, die in der

Bevölkerung verankert ist, gesehen und angenommen werden, sodass auch die Verwaltung von der Partizipation profitieren kann. Es braucht eine Infrastruktur, Standardisierung und eine gemeinsame Grundhaltung zu bestimmten Themen. Dafür muss es auch zu einer Kulturveränderung in der Verwaltung kommen, die einen entsprechenden Führungsstil beinhaltet. Überall da, wo die Führungskräfte die Themen und vor allem ihre Mitarbeitenden unterstützen sowie Ressourcen zur Verfügung stellen, können Überzeugung und Motivation entstehen. Während der digitalen Transformation von Städten ist es nicht nur von Bedeutung, die Bewohnenden, sondern auch die Mitarbeitenden der Verwaltung mitzunehmen. Eine Hilfestellung kann dabei auch von externen Beraterinnen und Beratern kommen. Wenn die Verwaltung verinnerlicht, dass Partizipation für alle einen Mehrwert und keine zusätzliche Last ist, dann kann Teilhabe als ein wichtiger Bestandteil bei der Entwicklung einer Stadt unterstützen. Wenn Partizipation richtig eingesetzt wird, dann ist das die Voraussetzung für den Erfolg des Prozesses.

Als abschließende Maßnahme ist der Aufbau von Kooperationen zu anderen Städten und Gruppen zu nennen, denn zusammen kann mehr erreicht werden. Die Kooperationen werden am besten mit Städten eingegangen, die selbst schon Erfahrungen in der digitalen Transformation gesammelt haben. Bei ihnen ist es meist einfacher, einen Zugang und Informationen zu bekommen. Darüber hinaus können vorhandene Strukturen in Städten genutzt und organisierte Gruppen eingebunden werden. In einer Stadt sind nämlich häufig viele Gruppen bereits vernetzt und organisiert wie zum Beispiel der Naturschutzbund, Kiezgruppen oder Initiativen. Diese organisierten Gruppen sind motiviert, wollen sich einbringen und besitzen Expertise. Sie bilden zwar nicht die breite Bevölkerung ab und sind damit nicht repräsentativ, jedoch können sie für einen Einstieg in die Themenfelder als Multiplikatoren dienen. Lokale Initiativen werden gestärkt, indem Akteurinnen und Akteure erkannt und für eine Zusammenarbeit gewonnen werden. Die Stadt muss Strukturen anbieten, damit alle Stakeholdergruppen in einem Bottom-up-Ansatz Vorhaben im Prozess entwickeln können. Diese Strukturen müssen geschaffen werden, damit sich Bürgerinnen und Bürger einbringen und ermächtigt werden, sich selbst zu organisieren. Dieses Engagement muss dann auch durch Wertschätzung und finanzielle Unterstützung honoriert werden, sonst wird keine gute Partizipation gelingen. Wenn es diese organisierten Gruppen oder Strukturen nicht gibt, dann muss sich eine Stadt fragen, was die Gründe dafür sind. Eine Maßnahme ist es dann, sich zu bemühen, dass diese geschaffen werden. Das kann gelingen, indem Orte der Begegnung wie Innovationslabore geschaffen und den Gruppen Angebote unterbreitet werden. Es gibt überall Menschen, die sich einbringen wollen, und in fast jeder Stadt gibt es junge Leute mit digitalen Kenntnissen und Fähigkeiten. Diese sind beispielsweise in Schulen und

Jugendzentren zu finden. Es empfiehlt sich grundsätzlich, Bildungslandschaften wie Schulen, Vereine und Bibliotheken sowie gemeinnützige Vereine zu stärken, zu fördern und einzubinden. Sie müssen als demokratisches, agiles Instrument gedacht werden.

Möglichkeiten der Partizipation von Bewohnenden im Smart-City-Prozess

Die digitale Transformation von Städten bietet zahlreiche Möglichkeiten für die Bürgerinnen und Bürger, aber auch Herausforderungen. Es ist wichtig, dass die Bewohnenden im Smart-City-Prozess eingebunden werden, um sicherzustellen, dass ihre Bedürfnisse und Anliegen berücksichtigt werden. Auch müssen die einzelnen Maßnahmen auf dem Weg zur digitalen Stadt transparent und niedrigschwellig vermittelt werden. Die digitale Transformation muss Spaß machen und allen Menschen in der Stadt die Möglichkeit geben, ihre zukünftigen Lebensräume aktiv mitzugestalten.

Hier sind einige Handlungsempfehlungen für die Möglichkeit der Partizipation von Bewohnenden im Smart-City-Prozess (siehe auch Abb. 4.4):

4.1 Zielbilder entwickeln und umsetzen

Ein Zielbild im Smart-City-Prozess beschreibt die Stadt in der Zukunft und bietet eine Orientierung für Entscheidungen. Dafür erarbeiten die Stakeholder einer Stadt eine gemeinsame Vision, auf die alle zukünftigen Maßnahmen ausgerichtet werden. Für die Entwicklung eines Zielbildes eignen sich verschiedene agile Methoden wie beispielsweise der Design-Thinking-Ansatz. In diesem iterativen Prozess werden Ideen gesammelt, bearbeitet und umgesetzt. Diese Vorgehensweise ist eine agile Strategieentwicklung, an der sich alle Stakeholdergruppen orientieren können. Dabei ist der Ansatz flexibel und dynamisch, sodass jederzeit Ideen hinzugefügt, angepasst oder verworfen werden können. Auch kann so ein gesamtstädtisches Zielbild auf die unterschiedlichen Bereiche wie Umwelt,

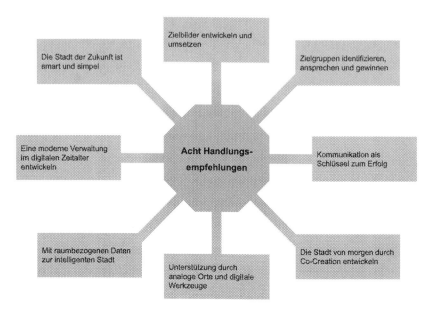

Abb. 4.4 Handlungsempfehlungen für die Stakeholder

Verkehr oder Gesundheit unterteilt und das Kernthema Smart City in seiner Komplexität reduziert werden. Ziel dabei ist es weniger, den aktuellen Trends der Stadtentwicklung zu folgen, als vielmehr eine Verbesserung von Infrastrukturen und Lebensqualitäten zu erarbeiten. Bei der Entwicklung und Umsetzung eines Zielbildes müssen die Bedürfnisse und Interessen der Stadtbevölkerung berücksichtigt und eine lösungsorientierte Problembehebung muss forciert werden. Aus den daraus abzuleitenden Maßnahmen muss der Nutzen hervorgehen und dieser transparent kommuniziert werden. Für die Umsetzung der Maßnahmen kann ein Maßnahmenkatalog eingeführt werden, der den Bearbeitungsstand der einzelnen Vorhaben fortlaufend dokumentiert. Im Idealfall ist dieser Maßnahmenkatalog mehrsprachig auf der Website der Stadt jederzeit und für alle Interessierten einsehbar zu hinterlegen. Das Zielbild und die Maßnahmen werden von allen Stakeholdergruppen gemeinsam im Smart-City-Prozess erarbeitet. Die Verwaltung koordiniert dabei den Prozess.

4.2 Zielgruppen identifizieren, ansprechen und gewinnen

Im Smart-City-Prozess sollte es weniger darum gehen, dass alle Bewohnenden sich beteiligen. Es geht vielmehr darum, dass alle Bürgerinnen und Bürger die Möglichkeit bekommen müssen, ihre Stadt der Zukunft aktiv mitzugestalten. Dafür gilt es zu berücksichtigen, dass die Bewohnenden einer Stadt aus heterogenen Milieus mit unterschiedlichen Lebensumständen, Interessen und Problemen bestehen. Um sich ein Bild von der Verteilung der Milieus in einer Stadt zu machen, sollte die Verwaltung eine Milieuanalyse beauftragen. Für die Durchführung sollte die Verwaltung mit der Wirtschaft sowie Wissenschaft und Forschung kooperieren. Die Milieuanalyse kann Aufschluss über bestimmte Fragestellungen und Maßnahmen im Smart-City-Prozess geben. Auch können dadurch die notwendigen Zielgruppen für bestimmte Maßnahmen identifiziert, zielgruppengerecht angesprochen und gewonnen werden.

4.3 Kommunikation als Schlüssel zum Erfolg

Die Kommunikation zwischen den Stakeholdern sollte regelmäßig und auf Augenhöhe erfolgen. Dabei muss die Politik und Verwaltung den Smart-City-Prozess aktiv steuern und bei den jeweiligen Themenschwerpunkten die weiteren Stakeholdergruppen einbinden. Hierfür müssen verschiedene Formate und Kanäle der Partizipation gewählt werden, die auf die unterschiedlichen Zielgruppen ausgerichtet sind. So können analoge oder digitale Formate gewählt werden, die für das jeweilige Vorhaben geeignet sind. Dabei kann der Einsatz von verschiedenen Medien wie Plakaten oder Dashboards über den Smart-City-Prozess in der Stadt informieren und neugierig machen. Bei der Auswahl von digitalen Formaten muss die Verwaltung berücksichtigen, dass dabei nur ein bestimmter Teil der Zielgruppen, die es für das Vorhaben zu gewinnen gilt, erreicht wird. Um die digitale Exklusion zu vermeiden, müssen neben digitalen auch weiterhin analoge Medien eingesetzt werden. Außerdem sollte ebenso mit aufsuchender Beteiligung gearbeitet werden. Das gilt insbesondere bei Menschen, die keinen Zugang zum Internet oder digitalen Medien haben, Menschen mit Einschränkungen oder vernachlässigte Gruppen. Aufbauend auf einer Milieuanalyse, die die Gesellschaft in ihren Werten und Lebensstilen charakterisiert, können zusätzlich Personas definiert werden. Hier kann die Verwaltung das konkrete Verhalten von fiktiven Bewohnenden beschreiben, was die Bedürfnisse und Interessen der Bürgerinnen und Bürger widerspiegeln kann. Unterstützt werden kann die Verwaltung von Akteurinnen und Akteuren aus der Wirtschaft, die ihre Erfahrungen bei der Definition von Personas in der Produkt-Kunden-Logik einbringen können. In diesem Zusammenhang kann eine zielgruppengerechte Ansprache der Bewohnenden erfolgen. Zum einen, um deren tatsächlichen Bedürfnisse und Problemlagen in Erfahrung zu bringen, zum anderen können sie damit für die Teilhabe an dem Vorhaben gewonnen werden. Darüber hinaus sollte die Verwaltung organisierte Gruppen einbinden, da sie bereits zu bestimmten Themenschwerpunkten über Expertise verfügen. Sie sind organisiert sowie engagiert und können einen wesentlichen Beitrag – auch als Multiplikatoren – leisten. Diese organisierten Gruppen finden sich in lokalen Vereinen, Initiativen oder Jugendgruppen. Sollten diese Gruppen in einer Stadt nicht vorhanden sein, muss die Verwaltung zusammen mit den Stakeholdern aus den Bereichen Wissenschaft und Forschung sowie Wirtschaft Möglichkeiten schaffen, dass sich diese Gruppen entwickeln können. Diese Möglichkeiten können Orte der Begegnung mit entsprechender Ausstattung sein, Wettbewerbe, Kurse und andere Förderungen.

4.4   Die Stadt von morgen durch Co-Creation entwickeln

Für die gemeinsame Entwicklung einer smarten Stadt empfiehlt es sich, Co-Creation-Modelle einzusetzen. In regelmäßigen Abständen organisieren Politik und Verwaltung Möglichkeiten für die kreative Kollaboration. Die Ideen, Meinungen und Wünsche aller Stakeholder werden dabei gleichermaßen gewichtet, sodass alle Akteurinnen und Akteure sich auf Augenhöhe begegnen. Insbesondere die Bewohnenden werden fortlaufend und nicht nur temporär eingebunden, um dauerhaft am Smart-City-Prozess mitzuwirken. Dabei wird ihnen eine relevante Rolle zugesprochen, da sie es sind, an die sich eine Smart City richtet. Die Bürgerinnen und Bürger müssen diese Rolle jedoch auch annehmen. Es wird immer Menschen geben, die ihr demokratisches Recht der Teilhabe nicht nutzen wollen. Dies gilt es zu respektieren. Doch ein Teil der Zivilgesellschaft bringt sich bereits heute schon aktiv ein. Das erfordert Mut und Einsatz und dies gilt es seitens der Politik und Verwaltung wertzuschätzen und zu honorieren. Diejenigen, die sich heute bereits einbringen und organisieren, müssen sich als Multiplikatoren im Smart-City-Prozess verstehen. Sie sind in Vereinen, in Nachbarschaften oder Initiativen vertreten und können durch ihr Netzwerk andere Bewohnende zur Teilhabe motivieren. Diese wesentliche Rolle der Bewohnenden beschreibt deren Einordnung bei der Partizipation im digitalen Wandel der Stadt. Diese Grundhaltung muss auch von Politik und Verwaltung angenommen und vorgelebt werden, sodass alle anderen Stakeholdergruppen dieser folgen. Nur so kann der gesamte

Prozess in einem Bottom-up-Ansatz erfolgen und offen, transparent, solidarisch und agil sein.

4.5   Unterstützung durch analoge Orte und digitale Werkzeuge

Den digitalen Wandel der Stadt können zum einen analoge Orte und zum anderen digitale Werkzeuge unterstützen. Für den regelmäßigen Austausch zwischen den Stakeholdern müssen Orte der Begegnung geschaffen werden. Das können zentrale Orte in den Quartieren sein, die mit WLAN-Hotspots ausgestattet sind. Oder Innovationslabore und Bibliotheken, die über eine digitale Ausstattung und Infrastruktur verfügen und so allen Menschen einen kostenlosen, niedrigschwelligen Zugang ermöglichen. Hierbei werden analoge Orte mit digitalen Werkzeugen verbunden und die Bewohnenden können untereinander und mit anderen Stakeholdergruppen der Stadt zusammenkommen. Dabei können sie sich austauschen, generationsübergreifend zusammenarbeiten und gemeinsam Ideen entwickeln. Die Verwaltung sollte diese analogen Orte fördern und Akteurinnen und Akteure aus Wissenschaft und Forschung, Wirtschaft und Vertreterinnen und Vertretern aus der Zivilgesellschaft bei ihren Vorhaben, Projekten und Einrichtungen unterstützen.

4.6   Mit raumbezogenen Daten zur intelligenten Stadt

Die Daten, die eine Stadt erzeugt, müssen als Potenzial im Smart-City-Prozess genutzt werden. Insbesondere in der Verwaltung liegt eine Vielzahl an Daten vor, die für verschiedene Maßnahmen miteinander vernetzt werden müssen. Dabei kann der Aufbau einer Open-Data-Plattform in der Verwaltung unterstützen, die Mengen an Daten zu strukturieren und der Stadt zur Verfügung zu stellen. In diesem Zusammenhang – sowie durch eine enge Zusammenarbeit und Vernetzung der städtischen Verwaltungseinheiten – können auch Datensilos reduziert werden. Aus den Daten können Informationen zu den Bedürfnissen und Problemlagen der Bewohnenden und in der Stadt abgeleitet werden, die in den Stadtentwicklungsprozess einfließen. Bei einer smarten Stadtentwicklung müssen die Daten durch digitale Werkzeuge weiterverarbeitet werden. So können beispielsweise Vorhaben im Smart-City-Prozess visuell dargestellt werden. Dafür können konkrete Beispiele und Daten in Geoinformationssystemen oder Apps digital abgebildet werden. Die Vision eines zukünftigen Quartiers kann so durch 3D-Visualisierung realitätsgetreu vermittelt und mit unterschiedlichen Parametern versehen werden. Die Bewohnenden können dadurch eine Vorstellung für die Vorhaben entwickeln, ihre Stadt als (digitalen) geographischen Raum begreifen und ein Feedback zu den Maßnahmen geben. Einige Unternehmen, wissenschaftliche Einrichtungen und städtische Verwaltungseinheiten haben bereits Erfahrungen beim Einsatz von Geoinformationssystemen gesammelt und können diese im Smart-City-Prozess einbringen.

4.7   Eine moderne Verwaltung im digitalen Zeitalter entwickeln

Die Verwaltung nimmt im Smart-City-Prozess und für die Möglichkeit der Partizipation eine bedeutende Rolle ein. Aus diesem Grund muss die Verwaltung modern, digital und agil werden. Das gelingt, wenn zum einen die Ressourcen in der Verwaltung ausgebaut werden. So müssen personelle, zeitliche und technische Ressourcen aufgebaut werden, damit die Herausforderungen im Smart-City-Prozess gelöst und Potenziale genutzt werden können. Zum anderen müssen sich das Selbstbild, die Denkweise und die Führung in der Verwaltung entwickeln. So laufen zwar die Prozesse einer Smart City bei der Verwaltung zusammen, der digitale Wandel einer Stadt kann jedoch nur gemeinsam mit allen Stakeholdern erfolgreich gelingen. Dafür muss die Verwaltung den anderen Akteurinnen und Akteuren auf Augenhöhe begegnen und offen für neue Ideen sein. Eine entsprechende Denk- und Herangehensweise in der Verwaltung, welche Veränderungen annimmt, neue Technologien einsetzt und motiviert die digitale Transformation steuert, muss entwickelt werden. Damit sich eine solche Denk- und Herangehensweise entwickeln kann, ist eine neue Führungskultur in der Verwaltung erforderlich. Die Führungskräfte müssen eine Vorbildfunktion einnehmen und sich mit den neuesten Trends der Digitalisierung, Technologie und modernen Arbeitsprozessen auseinandersetzen. Außerdem müssen die Mitarbeitenden der Verwaltung geschult und im Smart-City-Prozess unterstützt und motiviert werden. Das kann bereits damit gelingen, dass die Ziele und jede notwendige Unterstützung im Smart-City-Prozess von höchster Hierarchieebene in einem Top-down-Ansatz verkündet werden. Damit kann die Akzeptanz und Motivation der Maßnahmen in der Verwaltung erzielt werden. Zur Unterstützung können externe Beraterinnen und Berater engagiert werden. Sie können Workshops mit allen Beteiligten in der Verwaltung organisieren und aktuelle Themen mit ihrer Methodenkompetenz begleiten. So kommen noch einmal Impulse von außen, die auch die Führungskräfte dabei unterstützen, ihre Mitarbeitenden durch den digitalen Wandel zu führen.

4.8 Die Stadt der Zukunft ist smart und simpel

Der Smart-City-Prozess muss smart sein. Das bedeutet, dass alle Stakeholder-gruppen eine gemeinsame Vision einer Stadt vor Augen haben, die in ihren Zielen spezifisch, messbar, attraktiv, realistisch und terminiert ist. Dazu muss die digitale Transformation in einer Stadt im positiven Sinne simpel sein. Dabei müssen die Vorhaben transparent und niedrigschwellig vermittelt werden, der Prozess muss Spaß machen und alle Menschen in der Stadt müssen die Möglichkeit der aktiven Gestaltung ihrer zukünftigen Lebensräume erhalten.

Fazit und Ausblick: Mit Partizipation und Technologie zum Erfolg

Die Einbindung der Bürgerinnen und Bürger in den Smart-City-Prozess ist eine komplexe Aufgabenstellung. Da liegt es nahe, dass bei der Partizipation von Bewohnenden während der digitalen Transformation von Städten Herausforderungen entstehen, die gelöst werden müssen. Doch das ist die eine Seite der Medaille. Auf der anderen Seite steht eine Vielzahl an Potenzialen, die von den Städten genutzt werden können.

So wird mit diesem *essential* deutlich, dass die Vision einer zukünftigen (smarten) Stadt nur dann erfolgreich umgesetzt werden kann, wenn die unterschiedlichen Akteurinnen und Akteure im Smart-City-Prozess von Beginn an und auf Augenhöhe zusammenarbeiten. Neben den Stakeholdern aus Wirtschaft, Wissenschaft und Forschung sowie Politik und Verwaltung nehmen insbesondere die Menschen, die in den Städten leben, eine besondere Rolle ein. Um zu verstehen, wer diese Menschen sind und welche Bedürfnisse oder Ängste sie haben, empfiehlt es sich, sie in unterschiedliche Zielgruppen einzuteilen. Als Hilfestellung dient dabei die Anwendung einer Milieuforschung, die die Bevölkerung anhand der sozialen Lage und ihrer Lebenseinstellung in unterschiedliche Milieus einteilt.

Ebenso haben Sie, liebe Leserinnen und Leser, mit diesem *essential* erfahren, dass die Partizipation der Bewohnenden in bestehenden Smart-City-Konzepten in deutschen und internationalen Städten unterschiedlich ausfallen. So differenzieren sich nicht nur die Möglichkeiten zur Mitbestimmung, Beteiligung und Teilhabe von Bewohnenden im digitalen Zeitalter unter Einsatz von analogen, digitalen oder hybriden Formaten. Auch oder vielmehr ist die Intensität der Beteiligung, die sich in Information, Konsultation und Kooperation unterscheidet, von Bedeutung. Damit auf dem Weg zur Smart City Herausforderungen bei der Partizipation gelöst und Potenziale genutzt werden, müssen klare Zielbilder mit

M. H. Dahm und C. Werth, *Mit Partizipation und Digitalisierung zur Smart City*, essentials, https://doi.org/10.1007/978-3-658-42551-7_5

co-kreativen Ansätzen entwickelt und umgesetzt werden sowie alle Stakeholder-gruppen transparent und durchgehend miteinander kommunizieren. Der Einsatz von raumbezogenen Daten sowie die Nutzung von analogen Orten und digitalen Werkzeugen können dabei unterstützen. Das Wichtigste in diesem städtischen Transformationsprozess ist jedoch, dass der Prozess auf dem Weg zur digitalen, smarten Stadt für alle Beteiligten simpel ist und Spaß macht. Nur so wird aus der Smart City kein Buzzword, sondern eine Chance, das zukünftige Zusammenleben in einer Stadt gemeinsam, smart und effizient zu gestalten.

Ausblick: Die Zukunft der partizipativen Smart Cities
Die Digitalisierung von Städten ist ein kontinuierlicher Prozess, der ständige Anpassungen und Weiterentwicklungen erfordert. In diesem abschließenden Kapitel werfen wir einen Blick in die Zukunft und betrachten mögliche Entwicklungen und Trends im Bereich der partizipativen Smart Cities.

Künstliche Intelligenz und Big Data: In Zukunft werden Künstliche Intelligenz (KI) und Big Data eine noch größere Rolle bei der Gestaltung von Smart Cities spielen. Durch die Analyse von riesigen Datenmengen können KI-Algorithmen Muster erkennen, Zusammenhänge verstehen und prädiktive Modelle erstellen. Dadurch können Städte intelligenter und effizienter verwaltet werden. Zum Beispiel können Verkehrsströme in Echtzeit überwacht werden, um Staus zu vermeiden, oder Energieverbrauchsmuster analysiert werden, um Ressourcen effizienter zu nutzen. Die Anwendung von KI und Big Data ermöglicht auch personalisierte Dienstleistungen für Bewohnende, indem sie deren individuelle Bedürfnisse und Präferenzen berücksichtigen.

Internet der Dinge (IoT) und Vernetzung: Das Internet der Dinge wird die Vernetzung von Geräten und Infrastrukturen weiter vorantreiben. In Zukunft werden immer mehr Alltagsgegenstände, wie Haushaltsgeräte, Fahrzeuge und Straßenlaternen, miteinander verbunden sein und Daten austauschen. Dies ermöglicht eine nahtlose Integration verschiedener Systeme und schafft eine intelligentere und effektivere Stadtinfrastruktur. Beispielsweise können Sensoren in Mülltonnen den Füllstand überwachen und so eine optimierte Abfallentsorgung ermöglichen. Die Vernetzung von Mobilitätsangeboten wie öffentlichen Verkehrsmitteln, Car-Sharing-Diensten und Fahrradverleihsystemen erleichtert die Planung und Nutzung verschiedener Verkehrsmittel.

Nachhaltigkeit und Umweltschutz: Nachhaltigkeit wird eine immer wichtigere Rolle in der Entwicklung von Smart Cities spielen. Durch den Einsatz digitaler Technologien können Ressourcen effizienter genutzt und der ökologische Fußabdruck der Städte kann reduziert werden. Beispielsweise können intelligente Energiemanagementsysteme den Energieverbrauch in Gebäuden optimieren und erneuerbare Energien besser in das Stromnetz integrieren. Smarte Verkehrssysteme fördern den Umstieg auf emissionsarme Mobilität und ermöglichen eine bessere Verkehrsflusssteuerung. Die Integration von grünen Flächen und urbaner Landwirtschaft kann zu einer verbesserten Lebensqualität und zur Reduzierung der CO_2-Emissionen beitragen.

Soziale Inklusion und Teilhabe: Eine erfolgreiche Smart City sollte inklusiv sein und die Teilhabe aller Bewohnenden ermöglichen. Technologische Lösungen müssen darauf abzielen, Barrieren abzubauen und Menschen mit unterschiedlichen Bedürfnissen und Hintergründen einzubeziehen. Beispielsweise können barrierefreie Apps und digitale Plattformen Menschen mit Behinderungen helfen, Informationen und Dienstleistungen zugänglich zu machen. Ältere Menschen können von intelligenten Assistenzsystemen profitieren, die sie bei Alltagsaufgaben unterstützen. Die Beteiligung der Bewohnenden an Entscheidungsprozessen und die Nutzung von digitalen Bürgerbeteiligungsplattformen stärken die demokratische Teilhabe und fördern eine vielfältige und inklusive Bevölkerung.

Ethik und Datenschutz: Mit der zunehmenden Nutzung von Technologien in Smart Cities gewinnt auch die Frage nach Ethik und Datenschutz an Bedeutung. Es ist wichtig sicherzustellen, dass die Privatsphäre der Bewohnenden geschützt wird und ethische Grundsätze eingehalten werden. Die Transparenz der Datenerfassung und -nutzung, klare Richtlinien für den Umgang mit persönlichen Daten und die Einhaltung von Sicherheitsstandards sind unerlässlich, um das Vertrauen der Bewohnenden zu gewinnen. Zudem sollten Technologien so gestaltet sein, dass sie diskriminierungsfrei sind und keine bestehenden sozialen Ungleichheiten verstärken.

Indem wir diese Aspekte in den Blick nehmen und aktiv angehen, können wir eine vielversprechende Zukunft für partizipative Smart Cities schaffen. Die technologischen Entwicklungen bieten uns die Möglichkeit, unsere Städte effizienter, nachhaltiger, inklusiver und ethisch verantwortungsvoll zu gestalten. Es liegt an uns allen – den Entscheidungsträgern, Unternehmen, Bewohnenden und Technologieentwicklern und selbstverständlich der Politik – gemeinsam an einer lebenswerten und zukunftsfähigen Stadt zu arbeiten. Nur durch ein gemeinsames Engagement können wir die Vision einer bürgerorientierten Smart City verwirklichen.

Wir hoffen, dass dieses Buch einen Beitrag dazu leistet, das Bewusstsein für die Bedeutung der Partizipation von Bewohnenden in der digitalen Transformation von Städten zu stärken und als Impuls für weitere Diskussionen und Fortschritte dient.

Die Zukunft liegt in unseren Händen – lassen Sie uns gemeinsam die Smart Cities von morgen gestalten!

Was Sie aus diesem *essential* mitnehmen können

- Warum Städte sich zu Smart Cities entwickeln
- Wie ist der aktuelle Stand der Partizipation auf dem Weg zur Smart City in deutschen und internationalen Städten
- Warum Bewohnende in Zielgruppen charakterisiert und für die Teilhabe an der digitalen Transformation ihrer Lebensräume unterschiedlich angesprochen werden sollten
- Welche Herausforderungen und Potenziale bei der Partizipation von Bewohnenden während der digitalen Transformation von Städten bestehen und wie diese gelöst beziehungsweise genutzt werden können
- Handlungsempfehlungen für die gemeinsame Gestaltung des zukünftigen Zusammenlebens in Smart Cities

© Der/die Herausgeber bzw. der/die Autor(en), exklusiv lizenziert an Springer Fachmedien Wiesbaden GmbH, ein Teil von Springer Nature 2023
M. H. Dahm und C. Werth, *Mit Partizipation und Digitalisierung zur Smart City*, essentials, https://doi.org/10.1007/978-3-658-42551-7

Literatur

Bernardi, G. (2020). Smart city Barcelona. Nur so kann eine digitale Demokratie nachhaltig sein. https://www.powernewz.ch/2020/smart-city-barcelona/ (April 2020). Zugegriffen: 7. Juni 2023.

Bertelsmann Stiftung. (2017). *Transparenz bei Bürgerbeteiligung*. Handreichung für Projektverantwortliche.

Beteiligungsportal Baden-Württemberg. (o. J.). Demokratie lebt von den Bürgerinnen und Bürgern. https://beteiligungsportal.baden-wuerttemberg.de/de/informieren/was-ist-buergerbeteiligung/ (o. J.). Zugegriffen: 7. Juni 2023.

Bitkom e. V. Bundesverband Informationswirtschaft, Telekommunikation und neue Medien e. V. (2019). Die kommunale digitale Transformation in Deutschland, Bitkom-Studie 2019, Berlin.

Bitkom e. V. Bundesverband Informationswirtschaft, Telekommunikation und neue Medien e. V. (2022). *Smart City Index 2022*. Ausführliche Ergebnisse.

Bundesministerium für Wirtschaft und Klimaschutz. (o. J.). Smart City Oldenburg – der Mensch im Zentrum. https://www.de.digital/DIGITAL/Redaktion/DE/Stadt.Land.Digital/Strategien/smart-city-oldenburg-der-mensch-im-zentrum.html (o. J.). Zugegriffen: 25. Mai 2023.

Bundesministerium für Wohnen, Stadtentwicklung und Bauwesen. (o. J.). Smart City Dialog. Smart City Modellprojekt Dresden. https://www.smart-city-dialog.de/modellprojekte/smart-city-modellprojekt-dresden (o. J.). Zugegriffen: 25. Mai 2023.

Bundeszentrale für politische Bildung. (o. J.). Begleitforschung. https://www.bpb.de/kurzknapp/lexika/politiklexikon/17165/begleitforschung/. Zugegriffen: 9. Aug. 2023.

Flaig, B., & Barth, B. (2014). Die Sinus-Milieus® 3.0 – Hintergründe und Fakten zum aktuellen Sinus-Milieu-Modell. In M. Halfmann (Hrsg.), *Zielgruppen im Konsumentenmarketing: Segmentierungsansätze – Trends – Umsetzung* (S. 105 ff.). Springer Gabler.

Fonds & Friends Verlagsgesellschaft mbH. (2020). Mit kleinen Innovationen wird Boston zur fortschrittlichen Stadt. https://www.dasinvestment.com/smart-cities-mit-kleinen-innovationen-wird-boston-zur-fortschrittlichen-stadt/ (2020-09-24). Zugegriffen: 7. Juni 2023.

Forschung & Lehre. Alles was die Wissenschaft bewegt. (2018). Weltbevölkerung. Immer mehr Menschen leben in Städten. https://www.forschung-und-lehre.de/zeitfragen/immer-mehr-menschen-leben-in-staedten-630 (Mai 2018). Zugegriffen: 8. Juni 2023.

Germies, J. (2020). Smart City. Ein großer Impuls für die Wirtschaftsförderung, https://
urban-digital.de/smart-city-impuls-wirtschaft/ (September 2020). Zugegriffen: 7. Juni
2023.

Hamburg News. (2022). Smart City Index 2022. Hamburg bleibt „"smarteste"" Stadt
Deutschlands. Hansestadt belegt Platz 1 beim Smart City Index des Branchenverbands
Bitkom — zum vierten Mal in Folge. Bestnoten in der Kategorie Gesellschaft. https://
www.hamburg-news.hamburg/standort/smart-city-index-2022-hamburg-bleibt-smarte
ste-stadt-deutschlands (September 2022). Zugegriffen: 24. Mai 2023.

Herrmann, C., Walz, S., & Wiesemann, E. (2017). Neue Wege zur kollaborativen Stadt.
Thesen für eine neue Beteiligungskultur mit Stadtentwicklungsinitiativen in Berlin, The-
senpapier des vhw Bundesverband für Wohnen und Stadtentwicklung, Berlin.

Humann, M., & Jank, L. (2018). Neu vernetzt. Barcelona. In: Bauwelt Nr. 19.2018, Digitale
Stadt. Wie Digitalisierung unsere Städte verändert. Bauverlag BV GmbH.

Initiative D21 e. V. (2023). „D21-Digital-Index 2022/2023"-Studie. Jährliches Lagebild zur
Digitalen Gesellschaft. Wie digital ist Deutschland? Studie der Initiative D21 e. V., Berlin.

IPG Institut für partizipatives Gestalten, Jascha Rohr. (2016). Beteiligung, Zusammenarbeit und Innovation als Geschäftsmodell. https://www.partizipativ-gestalten.de/partiz
ipatives-gestalten-beteiligung-zusammenarbeit-und-innovation-als-geschaeftsmodell/
(März 2016). Zugegriffen: 7. Juni 2023.

Kaczorowski, W., Kodali, R., Krins, T., Meister, J., Mühlner, J., Schonowski, J., & Swarat,
G. (2017). Intelligente Städte und Regionen in Deutschland. Handreichung zur Umsetzung der digitalen Transformation. Digital-Gipfel-Papier der Expertengruppe Smart
Cities/Smart Regions, Digital-Gipfel. Plattform Innovative Digitalisierung der Wirtschaft. Fokusgruppe Intelligente Vernetzung, (o.O.).

Landeshauptstadt Dresden. (2022). Mit Hightech zur hitzeresilienten Stadt. TemperaturSen-
sorik (KLIPS). https://www.dresden.de/de/wirtschaft/smartcity/klipsmatchup.php. Zugegriffen: 1. Juli 2023.

PlanRadar. (2022). Smart City – Intelligenz im großen Rahmen. https://www.planradar.com/
de/smart-cities/. Zugegriffen: 7. Juni 2023.

Senatskanzlei Hamburg. (2022). Hamburg ist wieder „smarteste" Stadt Deutschlands.
https://www.hamburg.de/pressearchiv-fhh/16511590/2022-09-20-sk-smartcity-ham
burg/. Zugegriffen: 7. Juni 2023.

SINUS Markt- und Sozialforschung GmbH. (2023a). Sinus-Milieus Deutschland. https://
www.sinus-institut.de/sinus-loesungen/sinus-milieus-deutschland/. Zugegriffen: 8. Juni
2023.

SINUS Markt- und Sozialforschung GmbH. (2023b). Digitale Sinus-Milieus. https://www.
sinus-institut.de/sinus-milieus/digitale-sinus-milieus. Zugegriffen: 8. Juni 2023.

Stadt Oldenburg. (2023). Smart City Index 2022. Oldenburg ist „Aufsteiger des Jahres".
https://www.oldenburg.de/startseite/buergerservice/digitalisierung/oldenburg-ist-aufste
iger-des-jahres.html. Zugegriffen: 25. Mai 2023.

Stadtportal München. (2021). Smarter Together München – Gemeinsam an der Zukunft
bauen https://stadt.muenchen.de/infos/smartertogether.html. Zugegriffen: 25. Mai 2023.

Statista, UN DESA. (2022a). Weltbevölkerung von 1950 bis 2023. https://de.statista.com/sta
tistik/daten/studie/1716/umfrage/entwicklung-der-weltbevoelkerung/. Zugegriffen: 20.
März 2023.

Statista, UN DESA. (2022b). Prognose zur Entwicklung der Weltbevölkerung von 2010 bis 2100. https://de.statista.com/statistik/daten/studie/1717/umfrage/prognose-zur-entwic klung-der-weltbevoelkerung/. Zugegriffen: 19. März 2023.

Tuinzing, D. (o. J.). Amsterdam. The Balanced Smart City! https://www.thesmartcityjournal. com/en/articles/amsterdam-balanced-smart-city. Zugegriffen: 7. Juni 2023.

vhw Bundesverband für Wohnen und Stadtentwicklung e. V. (2021). Praxisleitfaden: Milieu-wissen für die Stadtentwicklung und Stadtplanung, vhw -Schriftenreihe 24, Berlin.

Zeeb, F. (2018). Smart City. Was Berlin von Amsterdam lernen kann. https://background. tagesspiegel.de/smart-city-was-berlin-von-amsterdam-lernen-kann. Zugegriffen: 7. Juni 2023.

Printed in the United States
by Baker & Taylor Publisher Services